SALVADOR
EL HOMBRE QUE AMABA EL MAR

SALVADOR

EL HOMBRE QUE AMABA EL MAR

LIGIA VONBLON

2016

Salvador, el hombre que amaba el mar
© Ligia Vonblon
   ligiavonblon@hotmail.com
   2016

ISBN: 978-958-46-7774-7

Diseño y Diagramación
Leo Ediciones
Santiago de Cali, Colombia
www.leoediciones.com
e-mail: leoediciones1@gmail.com

Impreso por:

Impreso en Colombia
Printed in Colombia

*A mis nietos
John Paul, Guillermo, Enrique,
Oscar, Edward y Stefan.*

Contenido

PRIMERA PARTE

De lo que yo recuerdo

1
Año 1936

En los años treinta, en la isla grande ya existía la radio, pero solamente en hogares que gozaban de cierta situación económica. Sin embargo, como sucede en los pueblos, pronto se difundió la noticia de la increíble y misteriosa cajita de madera con un círculo abierto en el medio, cubierto con una cortinita de tela. Una cajita mágica que hablaba como una lora y cantaba toda clase de canciones, hasta los tangos de Gardel. Los comerciantes, no todos, pero sí los entendidos en asuntos comerciales, viajaron a la capital del departamento con el solo propósito de comprar tan maravillosa novedad para instalarla al regreso en sus almacenes y tiendas de abarrotes y atraer clientela.

La curiosidad de la gente, ávida por ver y escuchar esa primicia, propició que se aglomeraran por horas en los andenes, frente a los locales comerciales, escuchando con la boca abierta el bla-bla-bla que salía por la cortina de la rectangular cajita. Sin poder salir de su asombro, se preguntaban cómo esa cajita de madera podía transmitir noticias y música con solamente estar conectada a la electricidad. ¡Todo un misterio!

Por aquellos días, también llegaron a las islas las películas mudas en blanco y negro en las cuales las sucesivas imágenes iban apareciendo en la pantalla de lienzo ante los ojos admirados de los espectadores. Los actores movían exageradamente los ojos y la boca y sus movimientos eran un tanto cómicos. Acompañaba las escenas una música de fondo, que sí se podía escuchar, y uno que otro ruido familiar, así como también disparos de fusil o de pistola cuando la trama lo requería.

Al público, sentado en rústicas bancas de madera frente a la pantalla, no le importaba no poder leer los letreros que explicaban las escenas. Muchos de ellos ni siquiera sabían leer, pero los movimientos exagerados de los protagonistas eran suficientemente claros como para seguir la trama con gran entusiasmo, y acompañar la presentación con gritos y rechiflas. Eran espectadores emocionados y bullangueros.

Las colillas de cigarrillos volaban en la oscuridad y hasta hubo cabezas con cabellos chamuscados, ropa quemada y amagos de incendios en el rústico teatro de madera. Terminada la película, el público, en su mayoría juvenil, aplaudía y salía a la calle en medio de gritos y exclamaciones. Una gran algarabía.

Así como la radio llegó a ser un gran evento en la isla, el cine despertó también entre todos los pobladores inmensa expectativa. Hubo una película que se anunció por días en las esquinas de las calles, invitando para la gran fiesta de un sábado. La noche del estreno, la banda de música de la isla recibió a la entrada del único teatro a los compradores de boletas con estruendo de platillos, cornetas y saxofones.

Los vendedores ambulantes ofrecían a la concurrencia cigarrillos, fósforos, cartuchos de maní y otras golosinas, como alfajores y coquitos apanelados. Una verdadera fiesta.

¡Pero no siempre fue así!... Años atrás, antes de que llegaran la radio y el cine, los isleños solían distraerse escuchando las historias que contaban los aventureros llegados a las islas, quienes gozaron siempre de una audiencia ávida de oir sus relatos de aventuras y leyendas. Cuanto más inverosímiles las historias relatadas por ellos, más público se reunía para escucharlos.

De tiempo en tiempo aparecían por las islas toda clase de extraños personajes. Algunos de ellos, del interior del país, llegaban solo de paso. Su destino eran las poblaciones costaneras del vecino país del Ecuador, a pocas millas marinas de las islas con las que se tenía un comercio muy activo, en su mayoría de contrabando.

Los otros, esos aventureros que vinieron por mar en barcos que anclaron por dos o tres días frente a la isla El Morro o en La Bocana, abandonaron su vida de marinos con la intención de quedarse en las islas para empezar una nueva vida y cambiar ese hogar flotante de los barcos por uno en tierra firme. Con ese propósito, empezaron por buscar atractivas isleñas y enamorarlas, validos sobre todo por su aire de extranjeros, sabiendo que llevaban las de ganar. Pocos tenían papeles de identificación, pero ese no era un problema para llevar a las novias al altar. El párroco les exigía únicamente dos testigos y el pago del certificado de matrimonio. Pensaba, por inteligente deducción, que lo importante y primordial en estos casos era salvar sus almas y librar a la pareja del pecado del concubinato.

Los inmigrantes europeos, que no sabían nuestro idioma castellano, eran los más aceptados por las isleñas de familias acomodadas. Esos hombres tenían una llamativa figura: altos, musculosos, los cabellos y la piel dorados por el sol y el mar, algunos con ojos color de cielo mañanero, y aunque de modales un tanto bruscos, resultaban sumamente atractivos.

Había también una minoría de hombres, "pura mala sangre" como los bautizaron los isleños, que parecían no tener Dios ni ley. Se decía que eran apátridas, y en las islas se les consideraba indeseables, porque se sospechaba que tenían historias de crímenes en sus países de origen.

Por aquellos días de los años veinte, las tres islas formaban un pequeño archipiélago. La más grande en tamaño, de nombre Tumaco, tenía unos diez mil habitantes de toda clase y color. Las otras dos islitas, La Viciosa y El Morro estaban casi deshabitadas; solo había algunas casitas de pescadores ubicadas en la punta que lindaba con La Bocana, por donde entraban los barcos que venían de alta mar. En La Viciosa, la más pequeña de las islas, cercana a Tumaco, había un aserrío.

El croquis de Tumaco estaba dibujado en un papel blanco pegado con tachuelas a una pared del segundo piso de la escuela, frente al parque Colón. Mostraba la isla dividida en toda su longitud por un brazo de mar y los tres puentes que se utilizaban para pasar de lado a lado. El Progreso era el mejor de los tres porque estaba construido en concreto y madera; en el dibujo, se podían ver sus dos arcos. Recuerdo que ese era el puente con más tráfico de transeúntes durante todo el día. En tiempos de marea alta veíamos pasar por sus dos arcos tiburones acosados por los delfines que los perseguían tratando de sacarlos mar afuera. ¡Todo un espectáculo!

La isla grande con sus calles arenosas estaba a solamente metro y medio sobre el nivel del mar y, por lo tanto, las partes bajas, por los lados de la cancha de fútbol, estaban siempre a merced de las inundaciones durante las grandes pujas o mareas. En ocasiones, estas mareas se llevaron calles enteras con casas, muros de contención, árboles...

El nombre de la isla grande, *Tumaco*, viene del lenguaje de los indios *Tumas* que habitaron esas islas durante los tiempos de la conquista; por cierto, en alguna parte de la isla hay un cementerio donde se han encontrado artefactos de cerámica bastante artísticos fabricados por esas tribus que quizás emigraron a otras partes de la costa cuando llegaron los colonos y ocuparon la isla.

Una visión recurrente en mi memoria, durante muchos años, ha sido un paisaje que se veía desde la última casa que habitamos en Tumaco. En las mañanas, allá en la distancia, la isla El Morro aparecía como una enorme barca navegando en un mar zafiro, bajo un cielo resplandeciente, aun más azul que el mismo mar. Las incontables palmeras de El Morro mostraban siluetas surrealistas que hacían parte de un paisaje que se sucedía continuamente, mostrando toda clase de colores.

A la puesta del sol, la isla lucía incandescente convertida en una llamarada que parecía llegar hasta el mismo cielo. Duraban esos sortilegios solo unos instantes, mientras se consumaba el matrimonio de la novia tierra con su novio sol. Pero antes de esa consumación, aparecían por otro instante los tenues colores del arco iris desvaneciéndose en el horizonte… El mar, el cielo y el paisaje, se convertían entonces en una paleta de grises en busca de las sombras de la noche.

En las noches de Luna llena, se producían otros sortilegios, de esos que inundan el alma del poeta para crear sonetos. El claro de luna pintaba un camino plateado en el mar, y este se proyectaba hasta los abanicos de las palmas y la línea blanca de la resaca, allá en los arrecifes entre El Morro y La Viciosa. ¡Noches inolvidables!

Y en esas noches de Luna menguante, la visión de un cielo estrellado, un cielo que mostraba su bóveda cuajadita de joyas titilantes, las más brillantes que se puedan imaginar… En ese espacio no había nada que se interpusiese entre el mar y el cielo porque la atmósfera siempre estuvo filtrada.

En mis primeras enseñanzas escuché, en las aulas de la escuela, que la isla de Tumaco tenía como unos diez mil habitantes. Casi todos inmigrantes del interior del departamento, de las costas de nuestro país y del Ecuador. Y, por supuesto, los extranjeros que llegaron y se quedaron. La mayoría de los inmigrantes fueron habitantes de la isla por varias generaciones.

Las más importantes edificaciones: dos iglesias, cada una de ellas frente a un parque; la linda casa parroquial a la orilla del mar, pintada de blanco y un azul de alberca. Asimismo, dos escuelas, un colegio de monjas Bethlemitas, un liceo, un hospital, una galería de mercado con muelles, y una sala de cine.

Tengo presente en mis recuerdos, la galería de mercado construida de tablas y con piso igualmente de madera sostenido por pilotes. Un techo de zinc de dos aguas, de punta a punta para proteger del sol y de las lluvias los cubículos de los comerciantes atiborrados de toda clase de mercancías. En la galería había un muelle adonde llegaban las embarcaciones de pueblos de esteros y de bajíos a vender sus productos.

La calle principal, la del comercio, fue siempre, por supuesto, la más transitada. En esta larga calle estaban los almacenes de telas y los de toda clase de chucherías, inclusive los de abarrotes y una pepelería de artículos escolares y libros usados. Algunas edificaciones tenían viviendas en el segundo piso, y los almacenes que lindaban con el mar estaban construidos sobre pilotes de mangle o columnas de concreto.

Para la diversión del común de las gentes, situada no muy lejos del cementerio en el barrio de las Ánimas, allá en la playa bajo las palmeras, estaba la casona construida de tablas y guadua picada donde se bailaba el currulao. En las noches, si el viento soplaba de sotavento, se escuchaba el monótono *tun-tun* de la tambora y la marimba desde la media isla.

Resistiéndose al olvido, aparece también en mi memoria el carro convertible adornado con flores, pitando sin descanso para llamar la atención de los isleños, llevando en su interior una pareja de novios vestidos de blanco camino al altar de la iglesia. Otras veces, ocupado por un grupo de niñas, tirando confetis y serpentinas en su recorrido por las calles, en gran bullaranga anunciando a punta de pitazos estridentes el cumpleaños de la niña sentada en lo alto de su parte trasera. Este convertible era el único carro que existía en la isla y se arrendaba para estos y otros eventos especiales.

Así eran las islas de mi niñez y parte de mi adolescencia; las islas, adonde llegaron los inmigrantes de esos tiempos y, por ende, Salvador, el personaje de esta historia: *El hombre que amaba el mar, más que a su vida.*

A la edad de once años, edad de la inocencia, mi mundo se reducía a lo que yo veía y escuchaba en ese ambiente marino: paisajes de mar, cielo y playas donde las gaviotas y piuras jugaban con las olas. Un mundo único que existió imbuido en todos mis sentidos. No había otro para compararlo. Nunca lo hubo.

Con *Guille*, mi hermanito menor, siempre hicimos parte de los grupos de isleños ávidos por escuchar las narraciones de los forasteros que vinieron de más allá del mar con sus relatos de países, de puertos, de barcos y aventuras marinas, historias que con el tiempo se convirtieron en leyendas. Sobra decir que en esos relatos los exóticos nombres de lugares y personas eran desconocidos para nosotros y pienso que para muchos, pero eso no importaba; podíamos imaginarlos.

Al cumplir los trece años me ausenté de la isla grande por primera vez. Y esta ausencia duró varios años, hasta terminar mis estudios de educadora. Luego, mi ausencia se fue prolongando por el trabajo, por las circunstancias…

2
Todo había cambiado

Años más tarde, muchos años después, regresé con mis hijos adolescentes para visitar a los pocos miembros de mi familia que aún quedaban en las islas. Para ese entonces habían dejado Tumaco y ahora tenían su residencia en la isla de El Morro. Para mi sorpresa, en esa isla estaba también la pista de aterrizaje de *Satena,* los aviones del Gobierno que podían transportar hasta 15 pasajeros. Había también unos pocos barrios residenciales de casitas de madera con su jardincito frontal sembrado de rosales.

Me di cuenta entonces de cuánto había cambiado todo. La población había crecido desmesuradamente. El concepto de islas había desaparecido. El brazo de mar que dividía la isla grande en dos, ya no existía. Los puentes desaparecieron porque ya no había agua que pasara por debajo de ellos. Las tres islas dejaron de serlo por la "maravillosa obra de ingeniería de rellenos" que terminó con el archipiélago. No pude menos que reflexionar en la demencia de personajes capaces de arrebatarle al mar Pacífico y a sus habitantes, esa belleza que eran las tres islas, solamente por el afán de conseguir votos para sus curules. ¿Dónde estaba el Gobierno que no supo impedir tan execrable crimen ecológico?

Las islas arenosas de mi niñez, sembradas de palmas, ya no lo eran más. Las gentes que vivían allí, ya no eran isleños; hacían parte del continente. Mi desilusión fue gigantesca. Vi que las tres islas habían desaparecido sin dejar rastro, cautivas de una horrible vergüenza porque habían violado su virginidad, su esencia de ser…, y quienes lo hicieron, olvidaron bautizarlas con otro nombre.

De aquellos tiempos de mi niñez y adolescencia quedan remembranzas atesoradas en mi memoria, sin ninguna posibilidad de olvido. Allí anidan los paisajes marinos, las calles arenosas, los almendros, el gran ficus del parque Colón, los puentes, las playas, los rostros de las gentes…

En ese rincón de mi memoria donde se esconden las imágenes de esos tiempos siempre fueron una constante, desde que yo recuerdo, las aventuras marinas donde aparecen en secuencias las secretas escapadas con mi hermanito *Guille*. Escapadas en una canoa, navegando en alta mar, rumbo a la isla de El Morro. Muertos de miedo por el constante sube y baja del columpio de la embarcación… Navegábamos en esa pequeña embarcación, desafiando lo imposible, bajo un sol ardiente, nada amable, bañados de pies a cabeza por la ventisca salada del oleaje… Innata en nuestros corazoncitos de argonautas, estaba la gloriosa aventura de navegar por ese mar proceloso con un solo deseo: llegar a las playas donde un feroz oleaje nos recibiría. No pensábamos cómo sería nuestro atracar. Eso no tenía importancia para nosotros. *¡Gloriosos tiempos de la niñez!*

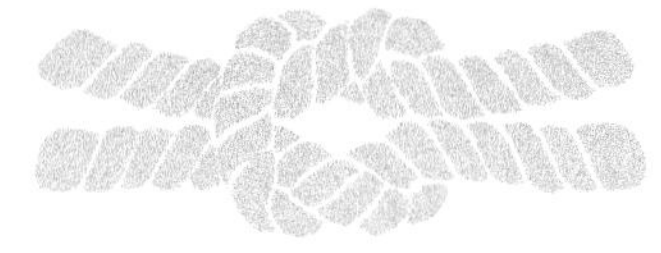

3
El aventurero

No tiene el personaje de esta novela una historia común. Lo busqué con persistencia entre mis atesorados recuerdos, y cuando lo encontré, perdido en los vericuetos de mi cerebro, vino su físico algo estrafalario a rondarme como un fantasma, sin dejar que mi mente se apartara de esa imagen concebida en mis años de adolescente, al igual que el *Merlín* de Markale, que ha vivido por siempre en mi intelecto.

La imagen que volvía una y otra vez a mi mente y que luego permanecía ahí, colgada como un cuadro en el museo de mi memoria, era la de Salvador, aquel hombre de piel curtida por la sal marina y por miles de soles tropicales que usaba sandalias de colegial.

Hoy, en este tiempo de mi vivir, cuando la marcha de mi jornada se va deteniendo porque se está cerrando el círculo de una larga residencia terrenal, las escenas de las islas aparecen en mi mente tan vívidas como si hubiesen sucedido apenas ayer. En el centro de estas escenas, está la figura diáfana de Salvador, el personaje de las increíbles aventuras en el mar Pacífico.

En mi mente me parece volver a verlo caminando por las calles arenosas de la isla bajo un sol canicular, secándose el sudor de la cara con un pañuelo de colores indefinidos que siempre llevaba amarrado al cuello.

Sus cabellos tenían el color de la herrumbre con visos dorados por eso de vivir a la intemperie, peinados hacia atrás y amarrados a la altura de la nuca; en la bóveda de su amplia frente, dibujadas a manera de tatuajes, dos cicatrices: una, de cinco centímetros y otra, más pequeña y profunda, que le partía la ceja en dos.

En ese rostro de pómulos salientes mostraba también otra cicatriz que se iniciaba desde la comisura de la boca de labios finos hasta perderse debajo de un mentón más bien largo. Me impresionaba ver en su antebrazo derecho una larga y mal cocida cicatriz semejante a un ciempiés de los que abundan en las islas. Para Salvador esa era su más preciada cicatriz, un trofeo del que poco quería hablar, porque según le decía al público que escuchaba sus relatos, recordar los episodios sucedidos en una riña estúpida lo angustiaba. ¡Y de qué manera!

En el mismo antebrazo lucía una sirena tatuada sobre una bandera azul que él afirmaba ser el símbolo de un extraño viaje en busca de sirenas a la isla Gorgona en el velero de un excéntrico alemán, y una característica que siempre me intrigó, le faltaban algunas falanges en los dedos de sus manos. Al final de los relatos de sus aventuras, decía vanagloriándose: "Estas cicatrices son trofeos ganados a pulso en experiencias de mi vida de marino".

En ese rostro tatuado con cicatrices sobresalían unos ojos color café claro de mirada elusiva, techados por cejas de arcos irregulares. Esos ojos alguna vez fueron grandes, pero ahora lucían agobiados por unos parpados caídos. Sin embargo, durante sus relatos de aventuras, todavía se podía percibir en ellos esa mirada de los hombres que viven en el mar y pasan su vida en busca de horizontes lejanos y de las direcciones de los vientos que gobiernan el espacio de los mares donde no hay fronteras. Su mirada elusiva evidenciaba una imaginación desbordada, como consecuencia de su diario vivir en espacios abiertos donde no existían paredes ni barreras que detuvieran el pensamiento. Pero esos mismos ojos, cuando estaban bajo el efecto del licor, se tornaban desconfiados y maliciosos como los ojos de un *cachalote* (ballena de tamaño colosal).

La expresión de su rostro, a pesar de sus ojos y de sus cicatrices, la consideré siempre indefinible. En ocasiones semejaba la de un pensador, y en otras, la de alguien que anda perdido en lo inescrutable.

Igualmente peculiar era su forma de vestir: usaba pantalones blancos de algodón siempre arrugados y de color indefinido, porque nunca se veían inmaculados, sujetos con una correa tejida con piola gruesa que alguna vez fue blanca y ahora tenía colores variados; en la hebilla de hueso de ballena mostraba el dibujo de un diente de tiburón.

Las camisas sudorosas tenían el color de cielo a medio día y las llevaba abiertas en tres botones. Las mangas dobladas hasta los bíceps, dejando ver el tatuaje de la sirena azul y la cicatriz del ciempiés. Amarrado al cuello de estibador, un pañuelo de colorines que usaba para secarse el sudor.

¡Ah! …olvidaba el dije de estaño en forma rectangular que llevaba colgado del cuello con una tira negra de cuero retorcido. En relieve aparecían tres espirales unidas entre sí y otro dibujo en forma de caracol o remolino..

El hombre que amaba el mar, el marino aficionado a contar con jactancia sus historias de aventuras, deambulaba por las calles arenosas de la isla grande llevando en su actitud el gesto de una media sonrisa con un toquecito de cinismo para saludar a los isleños, poniendo una mano en un quepis imaginario. *"Bue-nos días com-padre"* o *"Bue-nos días mi se*-ñora*"*.

Su peculiar manera de moverse con ese lánguido bamboleo de brazos, se me asemejó siempre a la forma de caminar de un homínido prehistórico de Nederland. Quizá esa particularidad se debía a sus largos años de permanencia en las cubiertas de los barcos que cruzan los océanos en donde los seres que los habitan ejecutan de continuo una constante danza: de *aquí-para-allá* y de *allá-para-acá*… Pero también pudiera deberse a que sus brazos, aunque algo musculados, eran un tanto cortos para su altura. No obstante, esa característica solo era notoria en Salvador cuando caminaba, porque cuando estaba en reposo con los brazos caídos, daba la impresión de uno de esos ídolos que vemos en las páginas de libros mitológicos.

Al divisar por la calle el grupo de escolares del que yo hacía parte, Salvador nos detenía con gran solemnidad cerrándonos el paso y luego ponía una mano en su frente, encima de los ojos como si estuviese divisando algo a la distancia y con esa voz ronca de fumador nos atemorizaba con exclamaciones inesperadas:"*¡A babor...¡Levanten las jarcias!.. ¡Baaarco a la vista!*

Salíamos corriendo, gritándole necedades. Él se derretía en carcajadas.

Así venía su imagen a mi memoria, pero anhelaba conocer otras particularidades de tan singular personaje y con gran interés me dispuse a hacerlo.

Durante los años que viví en la isla grande, pude darme cuenta de que Salvador trabajaba para los comerciantes de la isla que tenían sus negocios en la Calle del Comercio, y para otros ubicados en la galería y en la Calle del Progreso. Él fue uno de los intermediarios entre los comerciantes y las gentes que traían productos del interior del departamento o contrabando del Ecuador e inclusive, de quienes traían en canoas productos vegetales de poblados del litoral. Las islas se abastecían de lo que llegara, porque en ellas nada se producía.

Mi tía Eudoxia, la mayor de las hermanas de mi madre, fue una de sus primeras clientes. Ella tenía un almacén de telas y tienda de abarrotes en la Calle del Comercio. Pensé que quizás sabría algo sobre la vida de Salvador, una anécdota, algo curioso, cualquier cosa, ya que él trabajó para ella como intermediario trayéndole mercancía de los barcos. Para mi satisfacción, no me equivocaba. Sí, mi tía conocía algunas cosas acerca de Salvador. A ella y a su esposo Antonio les había confiado, por ejemplo, por qué había escogido las islas para retirarse de su vida de marino. En alguna ocasión les habló de su enamoramiento por la islita de El Morro y de cómo se había prometido a sí mismo desde ese entonces, que un día, cuando se cansara de mirar la lejanía, regresaría a vivir en esas playas desoladas y haría parte de su colosal selva de palmeras... Y les dijo también que para sobrevivir, buscaría un trabajo en la isla grande, la más habitada.

En la mente de Salvador, la imagen de las tres islitas siempre estaba presente. Las veía como planchones en alta mar, adornadas con una cinta de resaca blanca resplandeciente, y el mar donde navegaban, incandescente a la vista, y el firmamento tan azul como un cielo de verano. En ese cúmulo verde de palmas de El Morro, había para él mensajes inescrutables. Según mi tía, la edad de Salvador por aquellos días podía estar entre los cuarenta y cuarenta y cinco años. Una edad en la que los hombres empiezan a reflexionar en lo que ha sido su existencia.

Cuando Salvador decidió quedarse por un tiempo en las islas, tomó la más grande determinación de su vida. Después de su experiencia en el carguero que transportó un circo a las Filipinas, de su aventura en Singapur y cuando al fin logró viajar de regreso a las costas de América, reflexionó durante la travesía que tal vez ya había llegado la hora de experimentar una nueva vida en tierra firme.

—Claro –les había dicho aquel día a mi tía Eudoxia y a su esposo al confiarles su propósito de afincarse en la isla– que será solo por un año porque estoy todavía muy joven como para tirar las anclas.

No fue nada fácil para él dejar algo que tan bien conocía y que había aprendido a querer y amar más que a su vida misma: el mar del Pacífico. Esa mar que fue siempre su amante indiscutible y a la que siempre consideró tan inescrutable como su destino. Sus compañeros eran hombres venidos de mundos que desconocía; hombres que, como él, creían que su espíritu pertenecía a una casa en alta mar; esa casa que fue siempre un barco, porque la costa, allá en la lejanía, era considerada por todos ellos *un enigma*. El barco fue su país, su hogar y su familia. *No conocía otra vida.*

4
Contacto con su mejor amigo

En mis recuerdos, percibo a Salvador sentado en una rama del enorme Ficus del parque Colón, el árbol que escogió como si fuese el púlpito de una iglesia para desde allí, con un torrente de palabras matizadas con tonalidades de colores, gestos y exclamaciones marinas, mantener en trance a ese público que lo escuchaba absorto, en completa entrega de sus sentidos. La transformación del curtido marinero al relatar sus aventuras, era digna de una comparación con el más auténtico predicador de evangelios. Sus impresionantes relatos despertaron en mí una tremenda curiosidad por conocer ese mundo que existía más allá de las islas. Salvador hablaba como si estuviese en trance y de tanto repetir sus historias ya no tenía que buscarlas en ningún vericueto de su laberinto cerebral, solamente tenía que ir adornándolas con colores llamativos y expresiones improvisadas mostrando en cada relato su alma de marino. Y para nada importaba que en esas ocasiones estuviera un poco alicorado.

Antes de seguir con esta historia, es importante para el lector conocer algo acerca del grandioso y majestuoso árbol de ficus que creció en el centro del parque Colón, e hizo las veces de monumento, el más famoso monumento que la naturaleza le dio a la isla. Aquel árbol vino a ser dueño y señor del parque; sus ramajes se extendían hasta abarcar un espacio más allá de los andenes y del perímetro del parque. Su enorme tronco estaba compuesto de gruesas raíces selváticas y raicillas colgantes que asemejaban barbas rojizas que a modo de cortinajes ocultaban algunos de los orificios que existían en su tronco. No sé cuántos años tendría. Alguien comentó que su padre-árbol había sucumbido hacía muchos años a la pobreza arenosa del suelo y que su retoño, este nuevo ficus, era tan formidable como él.

Y regresando a Salvador, el personaje de esta historia, me sentí en la necesidad de hacer averiguaciones acerca de algunos aspectos que no conocía de su vida antes de empezar a escribir. Un comerciante me informó sobre un marinero apodado *El Timonel,* que según dijo, llegó a ser el mejor amigo y confidente de Salvador mientras este vivió en las islas. Había llegado hacía pocos años a la isla y se había quedado en Tumaco al enamorarse perdidamente de una mujer llamada Casandra y conseguir luego trabajo en el aserrío de La Viciosa.

Con esta información, me fui un martes en busca de su casa playera. Casandra, su mujer, me informó que *El Timonel* no regresaba de la Viciosa, sino después de las cinco o seis de la tarde. Con mal disimulada curiosidad me preguntó para qué lo buscaba. Ante su insistencia, le confié los motivos que me movían a tener una conferencia con su compañero.

De mi charla con Casandra deduje que en verdad Salvador y *El Timonel* habían sido los mejores amigos del mundo, casi como hermanos. Ella me dijo que el nombre real de su compañero era Ramiro Medrano, oriundo de Manta, en Ecuador, y que tenían dos hijos, Flavio y Martín. Percibí que a Casandra le gustaba conversar. De su entusiasta charla saqué en conclusión que los amigos se refugiaban los domingos en las hamacas de una ramadita que ellos mismos construyeron en la playa. Allá pasaban horas y horas con sendas canecas de aguardiente mientras se escuchaban mutuamente, con bastante tolerancia competitiva, las historias de sus vidas de mar y las de otros marineros… Aventuras que se fueron transformando en leyendas, porque en los recuerdos de los amigos se convirtieron en intrincados relatos, donde las exclamaciones las hacían aparecer increíblemente interesantes. Eran hazañas gloriosas o bien historias terriblemente trágicas.

A la ramadita les llegaba, en ondas intermitentes, la música de las islas, el murmullo constante del oleaje rompiendo sobre la indefensa arena de las playas, la brisa pasando temblorosa por el ramaje de las palmas, el monótono tuntun de la tambora y la marimba y todos esos sonidos traídos por el viento desde el ranchito del currulao situado en la playa de las ánimas. ¡Música de isla!

El Timonel se había ganado este apodo por su oficio durante años en barcos de cabotaje que navegaron por el litoral del Pacífico. Él había tenido la oportunidad de conocer más a su amigo cuando trabajó durante dos años en el timón del *Ovidio*, donde Salvador era capitán; un barco que tenía la misma estructura de un guardacostas. *El Ovi-*

dio navegó por las costas de Nariño, Cauca y Valle, hasta el puerto de Buenaventura, llevando carga y pasajeros. De eso hacía muchos años.

Medrano conocía la vida y milagros de Salvador. Después de todo, fue amigo de trabajo, amigo de parrandas, amigo de confidencias… Ambos tenían en común su gran amor por el mar. Aunque en barcos diferentes, los dos pasaron años de su vida de marinos navegando por el océano Pacífico. En sus venas y en sus corazones siempre fue una constante, *¡ese mar que amaron más que a sus vidas!*

5
Encuentro con El Timonel

Tenía que ser un domingo en la tarde, porque ese era el único día en que podía encontrar a Ramiro Medrano en su casita playera. En los días de la semana, se podía decir que vivía en La Viciosa, la otra isla, donde estaba el aserrío de madera en el cual trabajó desde su llegada a Tumaco.

En la casita de la playa me recibió Casandra, su compañera, envuelta en una toalla grande. Había interrumpido su baño. Me ofreció excusas y se fue a vestir. La esperé sentada en la banquita de madera a la salida de su casa. Al llegar, se sentó a mi lado y con manifiesta curiosidad volvió a preguntarme con qué fin buscaba a Medrano. Me advirtió que su compañero era un viejito de pocas palabras y desconfiado.

Fue a llamar a su marido y cuando este apareció en el umbral de la puerta y me vio, se acercó a saludarme extendiéndome una mano escurridiza. Acto seguido se sentó a mi lado en la banca. Le expliqué el porqué de las averiguaciones que estaba realizando acerca de la vida de Salvador y mi deseo de escribir una novela de aventuras en el Pacífico de la que él sería el principal protagonista. Le conté que lo había conocido en mis años adolescentes porque trabajó para mi madre y una tía durante el tiempo que vivió en la isla y porque le había escuchado también en el parque narrando sus aventuras marinas. Me escuchó con atención; se quedó pensativo por unos instantes y luego dijo:

—Entonces es necesario que usted conozca la Ramadita, no queda lejos, podemos caminar hasta allá.

Se levantó y caminamos hasta el claro de un palmar de cocoteros; allí estaba la ramada. Una simple construcción en guadua con techito de paja sobre piso de arena. Allí, frente al mar, los dos amigos colgaron de las vigas sendas hamacas ecuatorianas. Ese sitio se convirtió para ambos en el lugar predilecto para pasar los días y las noches de sus días libres, tomarse unos cuantos tragos de aguardiente o de ron y contarse mutuamente todas esas aventuras de sus tiempos marinos. Ahora solo quedaba de la deteriorada ramadita, una tumba ocupada por nostálgicos recuerdos. ¡Habían pasado tantos años!

En la siguiente visita a Ramiro Medrano lo detallé mejor: Casandra me había dicho que él andaba por los setenta años. Para su edad todavía revelaba evidente energía. En su rostro llamaban la atención sus ojos grises porque conservaban esa luminosidad de juventud, y esa mirada de la gente que pasa mucho tiempo en el mar y anda en perenne búsqueda de horizontes lejanos. Más bien alto, pero flaco y desgarbado como un espantapájaros, con una apariencia de asceta; su enjuto rostro colonizado por una barba escasa y bigotes de punta del color de la guadua seca. El paso inconfundible del marino, del hombre que ha caminado millas en las cubiertas de quién sabe cuántos barcos. Pero, a diferencia de Salvador, no tenía cicatrices visibles y solamente el tatuaje de un corazón atravesado por una flecha en el antebrazo. Su voz pausada y confidente mostraba el dejo gutural del fumador.

—Entonces, querida amiga, ¿quiere usted saber aspectos de la vida y milagros del colega Salvador?

Fue su pregunta inmediata cuando lo saludé, esta vez en la sala de su casa. Volví a explicarle el porqué de mi interés por la vida y las aventuras de su amigo. Le hablé sobre la novela de aventuras en el Océano Pacífico que deseaba escribir y que pensaba ubicar la historia en este lado de las Américas y situar el tiempo de los acontecimientos en los años treinta o quizás antes. Le dije, por segunda vez, que había conocido a Salvador cuando yo era apenas una muchachita de once años cuando con mi hermano Guillermo escuchábamos los relatos de aventuras que él contaba perchado en una rama del famoso ficus del parque Colón. Que yo recordaba todas esas historias y otras que más tarde me contaron mis tías y hermanos y que no escuché personalmente porque durante varios años me fui a estudiar lejos de las islas.

El Timonel se rio de buena gana al escuchar mis argumentos, mostrando unos dientes amarillentos de fumador y algunas coronas que habían perdido ya su brillo dorado. Aceptó ayudarme. Estaba disponible para contarme lo que sabía de su amigo, "pero eso sí, solamente los domingos en la tardecita, después de la siesta".

6
De los relatos de El Timonel

El siguiente domingo, en la tarde, Medrano me narró a grandes zancadas un resumen de la vida de Salvador para que tuviese una idea de la historia de su amigo:

"Lo más peculiar en la persona de Salvador era su nombre, porque no tenía sino uno. No tenía un apellido, como lo tiene cualquier cristiano. Pero nunca lo necesitó. Cuando se lo pedían en los enganches para trabajos en barcos y veleros, él decía que su nombre era *Salvador solo*. Al escucharlo, los oficiales de barcos extranjeros creían, sin duda, que "Solo" era su apellido y no preguntaban más. La extraña y dramática verdad, es que Salvador olvidó su nombre, su edad y la vida que había tenido hasta los siete años cuando despertó en alta mar en un pesquero japonés. En esa, su primera *aventura del extravío*, el terror se adueñó del pobre chiquillo. Solía contar Salvador que cuando los ojos de los escualos, como él llamó siempre a los pescadores japoneses, se clavaron en los suyos, se asustó tanto que se sintió como un *tamborero* muerto y se olvidó de todo. Ese día, al encontrarlo escondido en el barco, los tripulantes del pesquero japonés, sorprendidos y furiosos, le gritaron palabras que él no entendía porque nunca las había escuchado. Le propinaron golpes en la cabeza y lo sacudieron a empellones arrojándolo contra cualquier cosa sin el menor miramiento. Salvador niño sentía su cabeza como si fuese una pelota llena de agua, y su cuerpo magullado como el de una *agua mala* (medusa). Durante días lloró en silencio en un rincón de la proa hasta quedarse dormido, arrullado por el ruido de las bielas. Al despertar solo veía agua y cielo.

"Olvidó todo, pero su nombre, Salvador, siempre estuvo presente en su memoria, nunca lo olvidó. En ocasiones le preguntaban si esa no sería una invención suya. Pero no, él estaba seguro de que ese nombre, al igual que su corazón, le pertenecía.

"En ese barco de su primera aventura, después de unos días, los tripulantes japoneses empezaron a llamarlo *Koji*… porque nadie podía pronunciar su nombre. Muchos días después, cuando los pescadores del barco lo dejaron en un bajío, alguien preguntó cuál era su nombre en un lenguaje que él entendió, y entonces contestó:

"—*Me llamo Salvador.*

"Los conocimientos marinos los fue adquiriendo poco a poco a través de duras experiencias. Trabajó por años en barcos de pescadores, en una época en la cual los hombres que se aventuraban en alta mar debían someterse al despótico mando de un capitán que creaba sus propias leyes. Un destino nada amable les esperaba a los aventureros que se atrevían a navegar por esos mares, siempre bajo el mando de malévolos capitanes y castigados por los impredecibles caprichos climáticos de horrísonas tempestades. En esos tiempos, la profesión de marino estaba hecha de músculos, fuerza y coraje.

"Tarde en su juventud Salvador aprendió el *arte de las letras*, según solía contar, gracias a los consejos de un viejo marinero chino llamado *Singa*, al que consideró su primer maestro, y gracias también a la paciencia de otros marineros que le enseñaron a leer y a escribir. Esa afición le costó, sin embargo, gran parte de su paga. A cada uno de sus maestros les entregó sumas de dinero que lo dejaron endeudado para toda una vida.

"La compra de libros vino por añadidura al *arte de leer*. Descubrió, como le dijo el chino *Singa* en el *Senzuru*, que leyéndolos y releyéndolos él podía vivir otras vidas que no conocía, experimentar vivencias nunca imaginadas y mitigar la rutina de los días en alta mar en los que, según Salvador, se vivía como en una burbuja entre el cielo y el mar solamente.

"En los puertos donde se detenía el barco por uno o dos días, aprovechaba para buscar en las tiendas de curiosidades libros de aventuras marinas. Otros, los conseguía en los barcos; no importaba el pobre estado en que se encontraran, los guardaba como un gran tesoro. Y no obstante, a pesar de apreciarlos tanto, perdió unos cuantos por su afición a las apuestas de dados".

Durante días escuché con profundo interés todo lo que *El Timonel* guardaba en su memoria acerca de la vida de su amigo, inclusive las pocas y fugaces aventuras amorosas que narró en confidencia. Como parte de esta faceta de Salvador, me enseñó el sobre de una carta de La Niña Pola, que esta envió desde Esmeraldas en Ecuador junto con la fotografía del amuleto que Salvador siempre llevaba en el cuello. Según Medrano, "la Niña Pola Medina Garcés, oriunda de Ecuador, fue el más significativo amor en la vida de su amigo. Ella le ayudó a conocer su verdadera identidad y a encontrar a sus padres después de más de cuarenta años de llevar el título de huérfano. Y lo acompañó después, en su retiro de Bocagrande, hasta el fin de sus días. La Niña Pola pensaba que Salvador era su alma gemela.

"En una ocasión, ella explicó que su peculiar nombre, escogido por su padre, dueño de una plantación de cacao, se debía a que su progenitor no quería que la servidumbre y los trabajadores confundieran su nombre con el de su madre que también se llamaba Pola. Sus hermanos mayores la llamaban simplemente, *Niña*".

7

En tierra firme

De los relatos de Medrano

Salvador buscó la casa de Ramiro Medrano el día de su arribo a las islas. Estaba ya enterado de que Medrano había echado anclas en la isla de Tumaco. Su amigo era conocido por todos allí como *El Timonel.* Casi nadie sabía su verdadero nombre. Tocó a su puerta y cuando su amigo lo vio quedó pasmado por la sorpresa. Por supuesto, no lo esperaba.

Se habían conocido en los muelles de El Callao, cuando como muchos otros, aguardaban engancharse en cualquier buque mercante que partiera de ese puerto. Después de casi un mes de espera, cuando ya estaban sin un solo peso para pagar el hotelucho del puerto donde se hospedaban, lograron embarcarse en un carguero panameño. Allí, Salvador tuvo la oportunidad de conocer un poco más a Medrano y se hicieron buenos amigos. Los años pasaron y se encontraron nuevamente en Guayaquil. Fue en esa ocasión cuando Medrano le comentó a Salvador su deseo de retirarse un día para ir a vivir en las islas de un pequeño archipiélago situado en el sur de la costa colombiana.

A Salvador, que también le habían gustado esas islas, la idea de Medrano viviendo en una de ellas le parecía una buena señal del destino acerca de su idea de vivir unos cuantos años en tierra firme.

Encontró a su amigo ya organizado con mujer y dos hijos, viviendo en un ranchito, rodeado de palmeras, construido casi que en la misma playa, frente al mar y el cielo. *¡No podía ser en otro lugar!*

Medrano trabajaba en el gran aserrío de madera, situado en la islita con el peculiar nombre de La *Viciosa*. Con su ayuda, Salvador consiguió su primer trabajo en la planta de empaque. Pero a los pocos meses se dio cuenta de que él deseaba hacer algo diferente para ganarse la vida. El ruido de las máquinas cortadoras y cepilladoras lo mantenía en un estado de febril angustia. Un día, ya no lo soportó más y decidió dejar el aserrío y buscar trabajo en la isla grande. En su mente continuaba viva la idea de vivir en El Morro, pero tenía que esperar hasta que lograra hacerse a una pequeña canoa con motor fuera de borda.

Limitado por la falta de cuatro puntitas de falanges en sus manos, tenía que escoger trabajos en los que no necesitara usar los dedos para agarrar. Se había vuelto diestro en usar las manos, pero tenía sus limitaciones. Los trabajos en la isla eran escasos. A diario recorría las calles en busca de algo para hacer, concentrando sus esfuerzos en la galería de mercado, en la Calle del Comercio, en las ventas callejeras…

En todos esos años de marino, viviendo en limitados espacios en medio de una heterogénea humanidad, había aprendido, siguiendo las enseñanzas de Singa, a conocer a los hombres, observando sus diferentes circunstancias.

Pronto se dio cuenta de que en las islas los comerciantes de las tiendas de abarrotes y de los puestos en la galería, madrugaban a conseguir productos en los muelles adonde arrimaban las canoas que venían de los pueblos costaneros y las lanchas que venían de El Pindo, después de recoger mercancía y productos del interior del departamento de Nariño que llegaban por ferrocarril. Observó también que otros comerciantes se aventuraban en lanchas hasta el barco de turno, anclado en La Bocana, para comprar mercancía de contrabando para los almacenes de la isla.

Salvador pensó que él muy bien podía reemplazar a los comerciantes y conseguir así un *modus vivendi*. Primero, ofreció sus servicios a algunos comerciantes de tiendas de abarrotes. Pronto consiguió clientes en la galería y la Calle del Comercio, pero se dio cuenta de que necesitaba ayuda para poder cumplirles a todos. Entonces, le pidió a Medrano que dejase su trabajo en el aserrío y lo acompañara en los recorridos llevando artículos desde los muelles y más tarde de los barcos que llegaban a La Bocana. Así fue como consiguió su trabajo de intermediario y pudo comprar su canoa con motor fuera de borda para visitar El Morro, pero solamente los domingos, porque durante la semana tenía que madrugar a cumplir con sus clientes.

8
Peregrinación a la Chata

En la isla, la gente empezó a comentar las borracheras y escándalos que protagonizaban los marineros de los barcos cargueros que la visitaban. Desde el momento en que ponían pie en tierra se iban a los salones de baile, que no eran sino lugares en donde se vendía toda clase de licores y ¡quién va a saber qué más! Esos lugares quedaban en un extremo de la isla donde el alumbrado de las calles dejaba mucho qué desear. Las mujeres que trabajaban en estos salones tenían dos oficios: el de meseras y el de parejas de baile.

En varias ocasiones Salvador y su amigo Medrano concibieron el deseo de acompañar a los marinos y sentirse uno de ellos. Al final de la noche terminaban igual de borrachos Antes de las doce, Medrano lograba escabullirse de la cantina para llegar a su casa antes de la media noche porque su mujer le armaba tremendo escándalo si llegaba alicorado después de esa hora. Salvador, en cambio, se quedaba hasta la madrugada y profundamente ebrio, se dirigía hacia la galería de mercado que a esa hora estaba desierta, salvo por la presencia de algunos guardas que dormitaban en un rincón de la gran casona. Ya en el muelle, Salvador se desnudaba amparado por las sombras dejadas por un farol roto, y luego escondía su ropa en un balde de latón colgado en uno de los pilotes, debajo de la escalera. Acto seguido, se lanzaba calladamente al agua y se iba nadando hasta la vieja *Chata* naufragada, que yacía medio sumergida frente a la galería del mercado. En la oscuridad de la noche la *Chata* semejaba una horripilante criatura saliendo de las profundidades del mar.

A mi memoria llega un paisaje con la imagen de la famosa *Chata,* catapultada en ese mar azul, donde quedó como un monumento inconcluso y triste debido a su incandescente naufragio. Según la leyenda, ese fue un planchón que transportó tambores de petróleo y gasolina para el consumo de las islas. De manera imprudente, siempre la anclaban frente a los muelles de la galería de mercado a una distancia de quizás unos ciento veinte metros solamente. En ese, su último viaje, por descuido de uno de los hombres de la tripulación que tiró una colilla encendida donde posiblemente había un escape de petróleo de uno de los tambores, se produjo una conflagración feroz. Se incendiaron los tambores produciendo un espectáculo de fuegos pirotécnicos que deleitó a una parte de la población, pero que a otra, le produjo tremendo pánico. Gracias a Dios no cayó ningún tambor encendido a la isla porque el viento venía del Oeste, atravesándola y haciéndola invulnerable a tan inminente peligro. Finalmente, el planchón se hundió en el mar frente al muelle de la galería, dejando parte de la proa a la vista.

Desde que yo recuerdo, la *Chata* era una vista obligada de los transeúntes de la Calle del Comercio y las galerías de mercado. Mostraba un casco herrumbroso, pringado de algas y caracoles que habían creado su hábitat en lo que quedaba de él, dando la impresión de un vagabundo despojo del mar. Allá la divisaban los isleños, con la proa a la vista, formando parte del paisaje marino.

Medrano sabía de las escapadas de su amigo a la *Chata* naufragada. Los centinelas encargados de la seguridad de las tienditas en las galerías lo sabían; sin embargo, nunca trataron de detenerlo. Nadie sabía, sin embargo, el porqué de tan extraña peregrinación hacia la *Chata*....

9
La *Chata*

El Timonel pensaba en principio que su amigo iba en canoa, pero no, alguien le dijo que Salvador se iba nadando hasta la oxidada proa y que una vez allí, se tiraba a dormir en la escasa y corroída cubierta hasta más allá del mediodía del domingo, cuando regresaba nadando a los muelles de la galería desierta, porque todo estaba cerrado.

En un día de los tantos pasados en la Ramadita, Salvador confió a Medrano el gran secreto de sus escapadas a la *Chata*:

"En mi primera visita a ese triste despojo de mar, sentado en lo que queda de la cubierta, me embargó un dolor inconmensurable. Sentí por la pobre embarcación naufragada una pena que se apoderó inmisericorde todos mis sentidos. No pude contener la avalancha de lágrimas que salieron de mis ojos inundando mi rostro. La consideré mi hermana, una hermana de vida marina. Pensé en los años de su existencia, navegando en medio de horrísonas tempestades cuando el viento aúlla y el mar se pone intolerable; sus visitas de puerto en puerto llevando carga para cumplir los contratos de patrones invisibles. Y que ahora allí, abandonada a su destino de naufragio no quiso sumergirse del todo en lo profundo de las aguas, porque quizás quería seguir mirando el cielo azul de las mañanas, bañarse con el claro de luna, y mirar en las noches ese cielo estrellado del que hablan los poetas. Siento la necesidad de visitarla, y así poco a poco, la pobre náufraga se ha ido convirtiendo en un hogar marino que comparto con las gaviotas y *juansotes*.

"Allá en la *Chata*, tendido en la superficie oxidada de lo que queda de cubierta, duermo cara al cielo, soñando extrañas aventuras marinas. Ella es un refugio para esas, mis añoranzas de marino, el lugar donde puedo sentir muy cerca el arrullo del oleaje de la brisa marina; las ráfagas de viento que vienen de La Bocana, mar afuera. ¿Acaso hay algo más poético que quedarse dormido bajo un cielo estrellado o a la luz de la luna y en medio del mar que tanto se ama? Solamente allá, puedo gritar a todo pulmón una y otra vez los versos que dejó escritos con sangre un marinero en un navío naufragado que yace herrumbrado y medio enterrado en una playa desierta del mar Pacífico:

A veces me ahoga el mar el corazón,

hasta los cielos mismos.

Mi corazón ahoga el mar, a veces,

hasta los mismos cielos.

Salvador está consciente del peligro que hay en ese trecho de mar donde los tiburones pasan rumbo a la carnicería situada al final de la gran casona del mercado. El olor de carne fresca los mantiene circulando desesperados en una constante vigilia de esperanza. Los ha visto pasando muy cerca de la *Chata* y sabe que ya lo tienen en su mira. Decidió entonces, apostarles su vida. No les tenía miedo, porque sabía que ellos también le temían. Para ellos él era una clase diferente de pez grande, y por ahora lo respetaban, pero solo hasta cuando uno de ellos por su olisqueo se diese cuenta de que era solo una apetecida presa.

Le aseguró a su amigo que seguiría visitando la *Chata* mientras el valor lo empujara a hacerlo, porque en ese cascarón de naufragio, se sentía flotar en un mar sin orillas, llevado misteriosamente por una corriente marina hasta el fin del mundo. Al despertar, cuando el sol toca su cara, se sorprende que su corazón aún esté palpitando; escanea ese cielo mañanero con ojos de asombro y le da gracias a un Dios imaginario por el milagro de vivir. Desde la herrumbrosa cubierta puede ver la isla grande allá enfrente. La isla lo espera…, le hace guiños amorosos. Entonces, sin pensar un segundo en los depredadores, se encomienda a ese Dios del que no sabe mucho, y se lanza al mar con los ojos cerrados y sin tocar fondo sale a la superficie y apresuradamente nada hasta el muelle en busca de su ropa y de su salvación. La poca gente que, apostada en la rústica baranda del mercado, lo ve llegar a esa hora del domingo, lo recibe con aplausos y gritos de entusiasmo:

"¡Te salvaste, carajo!… ¡Te salvaste gran pendejo!…¡Te salvaste gran carajo!".

Medrano le preguntó en una ocasión si no le daba miedo nadar en esas aguas infestadas de escualos. Salvador le respondió que claro, que siempre tenía presente el peligro pero que él creía que un ángel lo protegía de los escualos. Él los conocía bien. Los había visto merodeando barcos en alta mar en busca de cualquier presa y una vez encontrada, devorarla en medio de un aterrador y loco frenesí salvaje. Pero creía que quizás a él lo protegía el mismísimo Satanás, porque no quería llevárselo todavía…, estaba jugando con él y por eso les había ordenado a esos escualos que lo dejaran en paz.

Desde la primera noche en que se aventuró hasta la *Chata* tenía una apuesta con los tiburones que merodean por las aguas de la galería. Últimamente los veía día a día en ese mar lleno de escorias. Se estaban acercando más y más. Podía ver sus malévolos ojos de mirada socarrona cuando circulaban muy cerca del casco de la *Chata*. Lo conocían de sobra y sabían que estaba allí. Sabían que les había apostado su vida.

Con determinación afirmó: "Si llego a la *Chata* y regreso sano y salvo a la isla, se las he ganado. El día en que yo no regrese, quiere decir que los escualos la ganaron. *¡Así de simple es esta apuesta!"*

10
Consecuencias de un extravío

Según *El Timonel*, Salvador siempre creyó que había nacido en Panamá, aunque no estaba muy seguro. No recordaba su apellido y menos su edad. Lo mismo le ocurrió con los nombres de sus padres. Se olvidó de su infancia, y del lugar donde vivió los primeros años de su existencia. Lo que nunca pudo olvidar fue esa, su primer aventura: la de aquella tarde que se atrevió a pasar el puentecito de tablas tendido entre el casco de una embarcación y el muelle. Sus colores llamativos y la banderita blanca con una bola roja pintada en el medio fueron suficiente atracción para su curiosidad infantil. Esa fue su más terrible aventura, o quizá, la más sublime porque le cambió la vida para siempre. Una vida que tal vez hubiese sido diferente, pero entonces… no hubiera sido la de *El hombre que amaba el mar, más que a su vida.*

En sus grandes recuerdos estaba la imagen del mágico lugar que lo atrajo al viejo malecón con sus muelles donde arrimaban algunas embarcaciones pesqueras. Desde ese lugar también podía ver los enormes barcos anclados en la distancia. Una gran emoción lo embargó, sintió que su corazoncito se le iba a escapar y aun más, cuando de pronto vio que el enorme barco empezaba a moverse navegando mar afuera. Zarpó del puerto despidiéndose con un pito quejumbroso y dejando nubarrones de humo negro en el cielo, hasta cuando las últimas espirales de la estela desaparecían en el espacio.

Durante muchos años Salvador se preguntó si quizás ese fue el único día que él visitó el viejo malecón. ¿Cómo llegó allí? ¿Vivían quizá sus padres por ese lado del muelle? La más grande tragedia de su vida era no poder recordar nada de los días anteriores, del ayer de su infancia… Se cansó de averiguar en los recónditos vericuetos de su memoria la perdida imagen de la morada donde vivió alguna vez, un indicio de la calle, de sus vecinos, de las figuras de sus padres, no importaba si estas fueran amorfas…, algo… ¡Nada!

Salvador, *el hombre que amaba el mar*, relató muchas veces cómo fue su primera aventura en el pesquero japonés; un barco pintado de colores llamativos del que nunca conoció su nombre. La banderita fue en un principio lo único que recordó y ese recuerdo estaba unido a la agonía de su extravío en ese barco pesquero. Esa aventura quedó escrita con tinta indeleble en su memoria, porque tal parecía como si en esa nefasta tarde hubiese nacido a una vida de la que no tenía idea alguna cómo iba a ser ni cuál sería su destino.

Esa, su primera aventura y otras que él creyó interesantes, las tenía escritas en cuadernos de escuela, con el firme propósito de no olvidarlas cuando la vejez llegase a su puerta. *El Timonel* encontró los cuadernos, después de un año de la desaparición de su amigo. Estaban en una mochila junto con dos libros y fotografías de mujeres y barcos, pegadas en una libreta como en una especie de álbum. La mochila estaba escondida en una esquina del techito de paja en su cabaña de El Morro.

Aunque *El Timonel* ha contado ya algunos aspectos de la vida y aventuras de Salvador, es sin embargo interesante dar a conocer al lector lo que Salvador escribió o le dictó a un escribiente, sobre las aventuras de sus viajes marinos, con el único fin de no olvidarlas.

Después de leer los cuadernos que me entregó *El Timonel*, esta es mi versión de sus aventuras. La escribí siguiendo fielmente los relatos que Salvador quería contar.

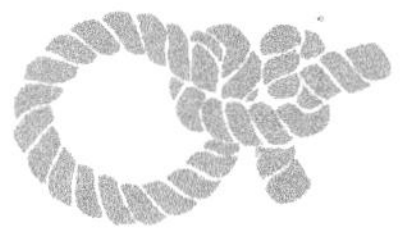

SEGUNDA PARTE

Primera aventura

1
Salvador cuenta la tragedia de su extravío

Un día de un mes, de un año que no pude nunca recordar... siendo un niño todavía, y sin saber cómo ni porqué, estaba en un muelle o malecón de un puerto, donde llegaban barcos de toda clase; aparecí allí escondido detrás de unos escombros: un montón de palos, piedras, latas y cosas que dejan los navíos. Allí, en ese escondite, nadie podía verme y en cambio yo, desde allí, podía ver llegar y salir los grandes barcos y los que estaban anclados un poco lejos del malecón.

Las embarcaciones pequeñas y otras medianas como las de pescadores estaban amarradas muy cerca del muelle a las argollas del malecón con gruesas cuerdas. Llamó mi atención un barquito pesquero que llegó, pintado con colores alegres, con una banderita blanca y una bola roja pintada en la mitad de la tela. Se arrimó al muelle y lo amarraron, como a los otros.

Me di cuenta de que los tripulantes del pesquero en nada se parecían a la otra gente, empezando porque estaban peinados con una trenza; la ropa negra que vestían también era diferente, igualmente los zapatos de tela.

Esa curiosidad de niño, como es de suponer, era tremenda. Atisbé a los tripulantes desde mi escondite sin que ellos se percataran de mi presencia. Dos hombres aparecieron con unas tablas y las tendieron del barco al muelle haciendo un puentecito. Después los vi trayendo dos cajas; pasaron el puente y se fueron caminando por el malecón, hasta perderlos de vista. Otros dos hombres aparecieron y pasaron el puentecito y se fueron por el mismo camino. Quedó un hombre en la cubierta y luego desapareció en la barriga del barco. Mi curiosidad iba en aumento. Pensé que no había nadie en el barquito y me fui acercando y con cuidado pasé el puentecito. Como es de imaginar yo nunca había estado en ningún barco, y allí había tanto para ver.

...Ya en la proa del pesquero, me di cuenta de que había muchas cosas que no conocía…, pero pronto mi curiosidad se vio interrumpida cuando dos hombres subieron una escalerita hablando una lengua que no entendía. De un salto, por instinto me escondí detrás de un montón de redes y cuerdas. Los hombres se sentaron a fumar muy cerca del mástil. Petrificado por el miedo, traté de hacerme invisible. Al poco tiempo regresó uno de los hombres por el puentecito y se sentó en el suelo arrimándose a unos barriles. Muerto de miedo me acurruqué más aún detrás de las redes. Atento, seguí esperando con ansia a que se fueran los hombres a la barriga del barco para poder escaparme como fuese, pero arrullado por la conversación del grupo y el meneo del barco por el oleaje suave, me quedé profundamente dormido.

No supe cuánto tiempo dormí, pero al despertarme, me di cuenta de que el muelle y el sol habían desaparecido. El barco estaba en movimiento. Empecé a llorar calladamente y en la oscuridad traté de pararme agarrándome de algo, algo que hizo ruido. Entonces sentí pasos, alguien llegó muy cerca con una lámpara, me vio y dio un respingo acompañado por un grito salvaje que retumbó en esa inmensidad de la noche en el mar. Yo también me asusté y grité tratando de huir… olvidé que estaba en un barco.

Me agarraron al ser descubierto. Hubo una tremenda conmoción, todo el mundo gritaba. Prendieron otras lámparas. Me arrastraron donde alguien que tenía una gorra con cinta dorada. El hombre hablaba y gesticulaba furioso. Me cogió del pelo para ver bien mi cara. Adiviné que no sabían qué hacer conmigo. Lloré a gritos por los golpes que me propinaban. En un lenguaje que no entendía discutían a gritos con un viejito de barbas y trenza. Descubrí después que era el hombre que preparaba los alimentos.

Dos hombres, seguidos por el viejito, me amarraron a un mástil que tenía colgada una lámpara, bien arriba, en la punta. Cuando llegó la luz del día quitaron las amarras y me llevaron a un rincón de la cubierta, no sin antes propinarme golpes y patadas hasta que sentí la cabeza como un balón. Empecé a vomitar todo lo que comía, sin duda por el movimiento de columpio de la embarcación. Mi estado era lamentable. Entonces los pescadores subieron en baldes agua del mar y me la echaron encima, muertos de la risa.

No era importante cuánto tiempo llevábamos navegando, porque los días y las noches eran lo mismo para mí. Desde donde estaba tirado, en un rincón de la popa, solo veía el cielo. Allí estaban arrinconadas como yo, cuerdas, cabos, cables, elementos de pesca… En las noches oscuras tiritaba de frío; tal vez tenía fiebre porque me dolía todo el cuerpo. El viejito de las barbas y la trenza pintada de gris, me trajo alimentos y bebidas que yo no conocía. Una noche trajo un saco de lona y me cubrió porque había mucho viento. El frío no me dejaba dormir.

Durante el tiempo vivido en el pesquero me sentí como un pobre animalito arrojado a su suerte. Y pensar que fue esta, mi primera aventura, la que me llevó a encontrar la profesión de *marino*, y la que me ató para siempre al mar, como si hubiese nacido en sus profundidades. Ya no había ningún escape, había encontrado mi destino.

A través de los años fui descubriendo ese mar que llegó a imbuirse en mi ser con tal fuerza que lo consideré la esencia de mi vida, mi madre, mi padre… mi única familia, la razón de mi vida.

En esos años llegué a considerar que no era importante saber mi edad ni nada de mi origen. A nadie le importaba. Recordé que en el barco donde me extravié no volví a llorar. Guardé silencio y me quedé quieto en el sitio que me asignaron porque nadie en el barco de la banderita blanca y roja me entendía, y tampoco yo entendía lo que decían. No sé cuántos días pasaron hasta sentir que podía caminar agarrándome de lo que fuera.

El tiempo pasado en el pesquero fue miserable. Los tripulantes se burlaban porque no podía comer con palillos; me echaban agua del mar mientras lavaban la cubierta y me propinaban golpes porque no entendía su idioma. Instintivamente, busqué al viejito cocinero para estar cerca de él y que me protegiera. Desde el primer día me llamó Koji; con las manos me mostró que Koji quería decir pequeño. Me enseñó con paciencia algunas palabras japonesas, nombres de los alimentos y de las cosas que había en la cubierta. También me vistió con la ropa que ellos usaban: pantalones negros que tuvo que cortar porque estaban largos, una camisa que me llegó a las piernas y amarró en la cintura con una cuerda, y que finalmente tuvo que cortar.

No sé cuántos días habrían pasado cuando el viejito se acercó hasta donde yo estaba, me miró con tristeza y en silencio me llevó de la mano al lugar donde dos hombres bajaban al mar una pequeña embarcación. Me entregó una bolsita de lona… hizo una venia y dijo a mi oído:

"Koji…, sayonara".

2
Abandonado en un bajío

Antes de que el sol se escondiera, en un atardecer de muchos colores, el barco cambió de rumbo y se dirigió hacia la costa, y cuando estuvo frente a una playa donde solamente se veían palmas de coco, se detuvo y tiró las cadenas con el ancla. Vi que bajaron un botecito al mar y una escalera. Dos de los hombres del barco me agarraron de los brazos y bajaron como pudieron a la embarcación porque yo empecé a patalear, gritaba y me resistía pensando que me iban a dejar quién sabe dónde. El viejito desde la borda aleteaba las manos despidiéndose. Un hombre me tenía agarrado mientras el otro remaba. Navegaron impulsados con remos hasta la playa, mientras yo seguía llorando a gritos, y al llegar donde las olas rompían en la arena, me sacaron del bote y uno de ellos me arrastró hasta la arena. Corrí hacia el bote, pero ellos tenían fuerza en esos brazos...y me tiraron a golpes y puntapiés. Empujaron la embarcación hasta más allá del oleaje, y enseguida la abordaron rumbo al pesquero.

La noche había llegado. Sentado en la arena húmeda grité y grité cuando vi que las luces del barco iban desapareciendo en la lejanía. Un pánico aterrador se apoderó de mi cuando empecé a caminar hacia las palmas. En la semioscuridad encontré parte de un bote enterrado en la arena. Allí me refugié petrificado por el miedo, sin poder dejar de gemir y sollozar. En ese silencio de la noche solamente se escuchaban el ruido de la marea subiendo y el que hacía el viento metiéndose por entre las palmas. Cansado de llorar, cerré los ojos para no ver al *diablo*, que seguro vivía en esa playa desierta. Yo sí sabía quién era el diablo, porque alguien me dijo, alguna vez, que lo había visto y que era rojo como una llamarada, tenía cachos como las vacas, las uñas largas, rabo de cerdo, ojos de candela y echaba espuma por la boca y vivía en la oscuridad en sitios solitarios. Muerto de miedo, me quedé dormido.

El ruido de la marea muy cerca de la canoa y del viento colándose por las palmas me despertó. Asustado, abrí los ojos y miré al cielo que estaba lleno de estrellas… me pareció algo que no se podía comparar con nada y menos con otros cielos. Allá estaban las estrellas haciéndome compañía. Sin embargo, a mi alrededor la oscuridad era tenebrosa. Empecé a escuchar otros ruidos que no sabía de dónde venían. Agotado por tantas emociones volví a quedarme dormido.

Desperté en la mañana cuando el sol, también, apenas despertaba. Me di cuenta de que alguien extraño estaba allí a mi lado, parado muy cerca de la canoa. Asustado traté de levantarme y no pude. El miedo me tenía petrificado.

Un hombre negro estaba allí, muy cerca de la canoa y me miraba espantado con ojos desorbitados. Cerré los ojos, y cuando los abrí, el hombre ya no estaba. Salí de la barca como pude y fui a orinar detrás de una palma seca. Al rato llegó el hombre negro con otros dos y me preguntó cómo había llegado al bajío, que de dónde había salido. Entendí lo que preguntaron y llorando les dije que estaba perdido y que los hombres del barco pesquero me habían dejado tirado en las olas.

"¡Ah, ah… los chinos… los verracos chinos lo dejaron! ¡ja…, ja… ja…ja...ja…ja… ja…ja...ja….!" , riéndose a carcajadas, levantando los brazos al cielo, daban vueltas a mi alrededor como si estuviesen celebrando algo inaudito.

Uno de ellos me llevó cargado hasta donde había un grupo de palmas y me depositó en una banca, frente a una casita con escalera y una sola ventana larga. Vinieron otros hombres, mujeres y muchachos, todos de raza negra. En silencio, me miraban con extrañeza. Alguien preguntó mi nombre, les dije que me llamaba Salvador. Entonces, blanquearon más los ojos, miraron al cielo y después al mar alzando los brazos y gritando con gran entusiasmo: *"¡Salvado del mar!… ¡Salvado del mar…Salva, Salva!"*

Salva fue mi nombre, durante el tiempo en que habité con los pescadores del bajío. La familia de Facundo, el dueño de la casita, después de satisfecha la curiosidad de las gentes que me rodeaban, me subió cargado al único salón en la planta de arriba. Su familia consistía en Armida, su mujer, y sus dos hijos, Ignacio y Antonio. Todos ellos vinieron a ser mi primera familia. Me consideraron como otro hijo y hermano por el tiempo que viví entre ellos.

En el villorrio de pescadores, las casitas estaban lejos una de otra y medio escondidas por grupos de palmas y almendros. Armida dijo que había nueve casitas, que ellos llamaban ranchitos. Su construcción era de guadua picada las paredes, los techos de paja y los pisos de chonta o mangle. Todas ellas construidas sobre pilotes sacados de unos árboles nativos de la región más allá de los esteros. Una escalera de guadua servía para subir al piso, donde estaba el único salón que se utilizaba para todo. Desde la ventana grande se podía ver el mar, y en la noche, el cielo estrellado. Al otro extremo del salón estaba el fogón de leña parado en cuatro patas de palo, parecido a una camita de recién nacido. También había una azotea abierta. Allí, en ollas viejas de aluminio, la familia tenía sembradas plantas medicinales y cerca de la entrada, un tambor de hierro donde almacenaban el agua que recogían de la lluvia. Y el otro tambor lo llenaban con agua de pozo que traían en canoa por el estero. Las casitas, con su único salón, carecían de camas y muebles solo había una mesa y dos banquitas. En la noche se abrían los petates arrimados a la pared y se tendían con sábanas de lienzo; los toldillos se desamarraban del techo para ampararnos, mientras dormíamos, de los jejenes y zancudos que entraban por la ventana y la puerta sin naves, después de la puesta del sol. En la parte baja no había paredes. Allí se guardaban canoas, redes y todos los implementos de pesca: trampas, atarrayas, arpones, anzuelos, balsitas y cuerdas.

Una semana después, Ignacio y Antonio me llevaron a caminar por el caserío para que conociera a las otras familias. Unas cuantas, tenían chiqueros con uno o dos cerdos, y otras, gallineros debajo de la casa, y, casi todas, sembrados de yuca, plátano y banano.

En los días que siguieron, los dolores y morados de mi cuerpo fueron desapareciendo; poco a poco fui perdiendo el miedo al ir conociendo a los nativos del bajío. Los muchachos como yo, se hicieron pronto mis amigos y me llevaron a explorar las playas, los esteros, los manglares…Un mundo misterioso que no sabía que existía.

Descubrí que había otro muchacho más claro de piel que yo al que le decían "Albino", pero él me dijo que su nombre era Pablo. Más tarde conocí a Martín, su padre, que era tan blanco como su hijo. También descubrí que yo era el único que le tenía miedo al mar y que me quedaba en la playa mientras toda la muchachería jugaba con las olas. Todos nuestros juegos eran en la playa con las olas, y en los esteros con piraguas, metiéndonos por todas esas avenidas y recovecos de los manglares. No sé cuándo aprendí a nadar. No sé cuándo le perdí el miedo al mar. No sé cuándo dejó de existir para mi el color negro de las gentes del bajío.

Las nueve familias que vivían de la pesca en tan apartada región de la civilización, se comportaban como si fueran una sola familia. Compartían la pesca, la bajada de los cocos, la cacería, la búsqueda de cangrejos, jaibas, almejas y caracoles. Cuando el mar se retiraba quedaba una playa inmensa y la muchachada salía con canastos a recoger toda clase de churos (caracoles) y conchas.

La gente del bajío era gente alegre; se reían por cualquier cosa. Vivían felices en su pequeño mundo, lejos de todo y con lo mínimo para subsistir; un mundo de felicidad, que ahora pienso, nunca he vuelto a ver en ninguna parte.

Tenían muchos agüeros y creencias sobrenaturales. Creían, por ejemplo, que ninguna concha, caracol, o alga, ningún fruto del mar debía ocupar un sitio dentro de la casa porque eso traía mala suerte. Que la arena del cementerio producía úlceras en la piel. Que en la menguante las ánimas aparecían por el lado de la los manglares y se llevaban a los niños. Contaban acerca de la *Tunda*, que caminaba con un solo pie y no tenía rostro; de la *Ánima sola,* que rondaba las casas cuando alguien iba a morir; lo mismo pasaba cuando un pájaro negro volaba en la noche imitando a los pollos, y muchas otras creencias relacionadas con el mar y la oscuridad.

Por cierto, la oscuridad siempre estaba presente, porque la lamparita de latón y mecha se alimentaba con petróleo y se prendía por muy pocas horas durante la noche. Facundo compraba dos canecas de petróleo en sus viajes y lo repartía para el alumbrado mínimo en cada casa. A veces se hacían hogueras en la playa o frente a las casas en un hueco en la arena, y allí se reunían los hombres a conversar, a echar cuentos.

Una tarde, Facundo me llevó para que lo ayudara a preparar la canoa para la pesca de la madrugada. Dijo que con Tobías, su vecino, iba a recoger las trampas en los arrecifes. Me preguntó si quería ir, si ya no tenía miedo de las grandes olas. En la canoa llevamos chinchorros, anzuelos y trampas y envuelto en hojas de plátano, el fiambre que consistía en pescado y plátano verde cocidos con sal. Y no faltaron las totumas con agua de coco y agua de panela.

Salimos en la canoa cuando el sol todavía dormía. El oleaje era fuerte y yo me prendí de la canoa con toda mi alma. El pánico se apoderó de mí en esta primera experiencia con ese mar que sentía tan poderoso. Tobías, que piloteaba la canoa se burlaba diciéndome que en esas aguas estaban las barracudas y *titibras* (tiburones) con mucha hambre. Hice unos cuantos viajes con ellos hasta que poco a poco fui perdiendo el terror que le tenía a ese mar donde no se veía fondo.

La familia de Facundo fue mi familia y su hijos fueron mis hermanos, pero con Ignacio me entendí mejor, empezando porque éramos del mismo alto y nunca peleamos. En mis recuerdos, veo a Facundo y a Armida con sus hijos en los manglares fangosos del estero cogiendo cangrejos azules y metiéndolos por un boquete de canastos. Por días y días comíamos cangrejos con plátano molido en piedras grandes, algo que ellos llamaban *balas*. Otras veces, por días, comíamos las conchas y caracoles con arroz, si lo había, y si no, con yuca o arracacha.

De tiempo en tiempo, Facundo y Tobías hacían viajes por el mar y por esteros a poblados un poco lejanos, en una canoa de mayor tamaño que la que usaban para pescar. El día antes de partir ya la tenían organizada con racimos de plátanos, bananos y peces ahumados envueltos en hojas de plátano. También llevaban cangrejos, almejas y ciertos moluscos en canasticas que tejían las mujeres del bajío. Con el producto de la venta, y si quedaba algo de dinero, comprarían arroz, harina, panela, café, sal, laticas de manteca, querosene para las lámparas y telas para las mujeres.

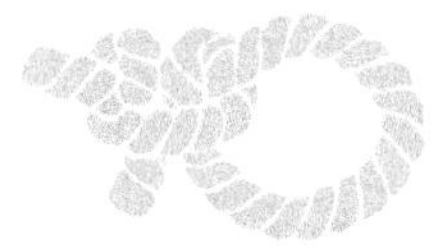

3
Experiencias en el bajío

Por diversión, algunas veces se reunían las gentes del bajío y de otros villorrios de esteros vecinos para bailar el *currulao* en la casa de Martín y su hijo. Esa era la única casa que tenía un piso de tablas en la parte baja del rancho. Los sábados, empezando la noche, se reunían las parejas y bailaban hasta la madrugada. Los cuñados de Martín, tocaban sin descanso la rudimentaria marimba y el tamborín como si estuviesen poseídos por algo sobrenatural porque sus ojos parecían volar por espacios de un encantamiento que nadie podía imaginar. Mientras nosotros los curiosos nos deleitábamos viendo el girar y girar de las bailarinas en el tablado y la cara bonachona del parejo aleteando el pañuelo como si fuese una bandera. Lucinda, la esposa de Martín, se encargaba de la venta de aguardiente y otra bebida que llamaban *guandolo*.

Al principio de la noche el *currulao* era para mí una gran novedad. Horas después, cansado de ver bailar al hombre con pañuelo y a la mujer dando vueltas y vueltas siguiendo la música monótona del pum-pum del tambor y la marimba, el sueño me vencía y con otros muchachos nos íbamos en busca de la cama.

En mis recuerdos también están los rituales que se celebraban cuando un *morito,* recién nacido, moría. El carpintero del bajío construía para el niño, envuelto en tela de batista, una cajita de madera de balso. Los padres lo cubrían con flores blancas llamadas jazmines y le ponían una coronita de flores de papayo en la cabecita. Al entierro, íbamos todos en procesión detrás del padre del *morito* que llevaba la caja al hombro. Los acompañantes cantaban con un sonsonete que parecía lamento. Muy cerca del estero había un promontorio de tierra circundado por palmas, allí había cruces de madera, pero sin nombre. Pienso ahora que eso se debía a que nadie sabía escribir en el bajío. Todas las noches, durante nueve días, se reunían en la casa del *morito* para entonar cantos muy tristes, parecidos a los lamentos del *currulao.* Después las mujeres servían café y agua de panela con rico pan de coco.

En esos tiempos de mi adolescencia, no alcanzaba a comprender el significado de la muerte. Lo importante para mí era la procesión, el entierro, la novena con sus cantos y lamentos y el agua de panela y café acompañados del pan de coco.

Durante la cacería íbamos al monte, más allá de los esteros, y colocábamos trampas para atrapar animalitos salvajes: iguanas, ratón de monte, guatines, conejillos, tatabros, zorrillos y otros roedores que abundaban por esa región. Las mujeres estaban encargadas de ahumarlos para tener carne por días y semanas. Ese era el tiempo en que no se comía nada que viniese del mar.

Más allá de los manglares estaban los esteros, con otros caseríos de gente de color que cultivaban plátano, yuca, piña, árboles frutales y que tenían una que otra vaca lechera. Para llegar hasta ellos había que trasladarse en canoas por el estero y después caminar durante horas, por trochas húmedas.

En los días de tempestades cuando la mar rugía y el viento mecía las palmas casi doblándolas hasta el suelo, la lluvia azotaba la casita de Facundo con una furia que parecía que había llegado el fin del mundo. Con el viento, la lluvia penetraba por la ventana y salía por la puerta de la azotea, dejando a su paso todo mojado. Las centellas caían muy cerca iluminando el interior y los truenos retumbaban estremeciendo las paredes y llenando de temor nuestra pobre humanidad. En esas noches buscábamos refugio arrimándonos contra la pared y cerrando los ojos, para no ver los relámpagos.

Pasado el temporal, la gente salía de sus casas para encontrarse con el inventario de los estragos que dejaron el viento y las olas: palmas caídas, techos volados y la playa llena de cosas que trajo la furia del oleaje. Las palmas que fueron quemadas por los rayos, mostraban su cabellera de raíces, hojas y cocos diseminados por todas partes.

En el último temporal, una embarcación que sin duda había naufragado, apareció en la playa traída por los vientos y el oleaje de un mar incontrolable. Facundo y otros hombres se embarcaron en tres canoas en busca de sobrevivientes, pero a su regreso dijeron que no encontraron a nadie. La embarcación tenía dibujos semejando a las olas, pintados de negro. Alguien dijo que esa canoa era similar a las de los indios cayapas, que vivían por los lados de un lugar en la

costa llamado San Quianga. Llevaron los restos de la embarcación a un sitio del bajío donde acumulaban objetos que
traía el mar en las pujas y en los temporales. Entre muchas
cosas curiosas, había allí tablas con escritos, pero en el bajío
nadie sabía leer...

4
El Yushin Maru
Salvador cuenta de su inesperado rescate

Según Facundo y Armida, haciendo cábalas, yo viví con ellos en el bajío unos tres años largos. Ellos creían que cuando me recogieron en la playa yo tenía unos siete u ocho años, al igual que su hijo menor Ignacio. Pensaban que yo me quedaría con ellos para siempre y que sería su tercer hijo. Eso lo dijeron siempre a las gentes del bajío y no había por qué dudarlo. Así también lo creía yo, porque esa era mi familia y no conocía otra; así se los dije a Fausto y Armida porque mi otra familia se había borrado de mi memoria.

Mi única identificación era un lunar en mi espalda de color tabaco y de forma y tamaño de un ojo. Me lo descubrió Armida, la esposa de Facundo, cuando recién llegué y creyendo que se debía a los maltratos recibidos en el barco pesquero, me hacía baños de hierbas medicinales para curarme.

Una mañana muy temprano apareció frente al bajío un barco. Facundo dijo que ese era el barco pesquero y que venía por mí. Nadie podía creerlo. Toda la gente del bajío se reunió en la playa, frente a la casa de Facundo y Armida, en son de espera.

En una pequeña embarcación llegaron dos hombres; uno de ellos, el más viejo, peinado con trenza, lucía una barba larga casi blanca, terminada en punta. El viejo hablaba castellano y dijo que venían en busca de Koji, el pequeño que dejaron en la playa hacía muchas lunas; tenían que llevarlo a Panamá donde su familia. Trajeron regalos a la familia que me había recogido: telas, ollas de aluminio, linternas, lámparas, espejos, piola, anzuelos, arpones y otros objetos no necesarios en el bajío, como cobijas y ropa de lana.

Reconocí al hombre, el más joven que me dejó en el bajío y se lo dije al oído a Facundo. Toda la gente del villorrio se reunió para despedirme, pero antes me preguntaron si de verdad quería irme. Les dije que quería regresar a mi casa y conocer a mi familia. El viejo había dicho que el pesquero navegaría hacia el puerto donde estaba el muelle que yo conocía y que allí, muy cerca, vivían mis padres. Al despedirme prometí a Facundo y Armida que un día volvería a visitarlos porque sabía que ellos me querían como a un hijo.

El barco no era el mismo barco de mi primera aventura donde me quedé dormido, ese de mi primera aventura pintado de colores alegres que yo recordaba, aunque este tenía también la bandera blanca con el globo rojo en la mitad de la tela. Me pareció muy grande, pero bastante oxidado y con muchos tripulantes entre chinos y japoneses.

El viejo cocinero fue el único de la tripulación que entendió lo que yo decía, no todo, pero algo. Cuando me llamó para entregarme mi primera comida, dijo que él era chino, y los otros, japoneses; y que para distinguirlo observara la inclinación de los ojos. Él había aprendido mi lengua en las Filipinas. Desde un principio se empeñó en enseñarme palabras y frases en el idioma japonés, porque según él, las iba a necesitar con urgencia en el trabajo con los pescadores del *Yushin Maru*. También me informó que el pesquero había sido antes un barco de cazadores de ballenas y ahora pertenecía a la *Nipon Yussen Kaisa*.

Le pregunté al chino si estábamos en ruta para Panamá. "No –fue su respuesta–. Estamos en ruta para el sur en busca de las tunas cerca a los Galápagos; al regreso arrimaremos al puerto donde están los grandes congeladores. Allí también se empaca la cacha de peces y camarones con destino a Japón".

El capitán comentó que en ese puerto quizá vivía la familia de Koji (pequeño en japonés). Le dije que mi nombre verdadero era Salvador, pero el chino que se llamaba Kansu, me dijo que todos me llamarían Koji, mientras estuviese en el barco.

Los tripulantes se morían de risa cuando yo trataba de imitar el acento japonés. Ninguno de ellos me entendía. Entonces tuve que aprender primero la entonación y después las palabras.

Me di cuenta de que en esta ocasión me trataron mejor, porque el hombre que fue al bajío para rescatarme, tenía ahora la gorra de capitán. El barco navegó por varios días no muy lejos de la costa y cuando estábamos próximos a las islas Galápagos, los hombres empezaron su ritual de pesca. Tiraron las redes muy cerca de unos bancos de arena, y esperaron para subirlas hasta que las redes se llenaron de camarones y otras de tunas y sabaletas. Esa espera demoraba noches enteras y mientras se aguardaba los tripulantes trabajábamos metiendo los peces atrapados en grandes cajas metálicas llenas de hielo.

Debajo de la proa del barco se encontraban dos escaleras: una, que iba directamente a la cocina; otra, que conducía a los congeladores y a las máquinas de hacer hielo que producían un ruido infernal por lo viejas. De la cubierta bajaron los barriles a la pieza de los congeladores con los peces ya limpios de vísceras y aletas que tiraron a un mar infestado con cachalotes. En largas mesas forradas con láminas se les quitaban las escamas y se arreglaban las *tunas* para meterlas a los congeladores. Los camarones se metían directamente en los congeladores.

Yo ayudaba en todo, y lograba así que pocas veces golpearan mi cabeza. Mi ropa siempre estaba sucia y con olor a marisco. Pero todos teníamos el mismo olor. Al principio eso me molestaba, hasta que me acostumbré y ya no me importó nada esa peste. Todos me llamaban *Koji* como les había recomendado el capitán Kansum quien, aunque no expresaba ningún sentimiento, parecía estimarme y hasta llegó a darse de puñetazos con alguno de los tripulantes que quiso maltratarme.

La tripulación estaba compuesta por el capitán, los maquinistas, cinco hombres veteranos del océano que se encargaban de la pesca, otros dos, responsables de limpiar los peces para los congeladores y, por último, el cocinero chino. Algunos de esos hombres eran feos y muy rudos; tenían los dientes muy salidos y los ojos saltones. Yo los trataba con respeto a todos, porque les tenía miedo. Los había visto pelear entre ellos; unas peleas brutales con esos grandes cuchillos que usaban para las *tunas*. El capitán parecía siempre enojado y daba órdenes a gritos a los pescadores, pero para mi fortuna, me ignoraba casi todo el tiempo.

Según me dijo el cocinero chino, cuando los congeladores estuvieron repletos, el barco inició su viaje de regreso en su ruta a Panamá navegando siempre hacia el norte por la costa de Colombia.

Una mañana, sorpresivamente, el barco cambió de ruta, se acercó a la costa y se detuvo frente a unas playas donde se alcanzaban a ver unas casitas de pescadores. El capitán y el cocinero me llamaron para explicarme que me dejarían en el bajío, pero que prometían recogerme en el próximo viaje. El capitán me entregó el amuleto que yo llevaba el día que me quedé dormido en el barco, y que él había rescatado después de que el cocinero le dijo quién lo tenía. Me dijo que creía que tal vez por ese amuleto podría descubrir algún día quién era mi familia.

Me llevaron en un botecito y me dejaron en la playa con dos mudas de ropa y dos bolsas de alimentos, y reiteraron su promesa de recogerme a su regreso del Japón.

Su ausencia duraría dos o tres meses. Esa noticia tan sorpresiva me sobrecogió. Pero esta vez no lloré, ni me desesperé. Ya era un muchacho y sabía que los pescadores de los bajíos eran gente buena. Me acerqué a la primera choza y allí encontré una familia de raza negra que me dio de comer, aunque ellos tenían muy poco para dar; me dieron petate para dormir, me recibieron con alegría y los días siguientes, me llevaron con ellos a sus jornadas diarias de trabajo en los esteros, en el campo y en el mar.

A su lado aprendí a apreciar la grata simplicidad de sus vidas. Allí, en los bajíos, no existían ambiciones desmedidas; no había rencores, odios, ni venganzas. Eran todos una sola familia y de carácter muy alegre. Se reían por cualquier cosa. Se sorprendían de mis ocurrencias y las celebraban. Estaban siempre pendientes del tiempo, del sol, de la luna, de las mareas. Pendientes de sus hijos que crecían y morían como sus padres sin conocer el mundo más allá del bajío. Y sin aprender el arte de las letras porque en su villorrio nunca lo habían necesitado. Era una tribu de pescadores que había creado un pequeño mundo para vivir en él porque así les había tocado en la ruleta de eso que llamamos destino. Y a su manera, eran felices.

5
De los relatos de El Timonel

"La vida de Salvador durante los años de su adolescencia y juventud fue caótica. Tiempos en los barcos pesqueros, tiempos en los bajíos, tiempos de incierta espera cuando fue abandonado durante meses, aguardando el regreso del pesquero japonés de turno. Convivir con diferentes culturas: los marineros de los barcos y los pescadores de los bajíos, lo preparó desde muy joven para adaptarse a las circunstancias y sobrevivir.

"En los barcos aprendió la jerga que hablaban los marinos; hombres incultos que utilizaban un lenguaje ofensivo, pero que Salvador tomó como algo natural y solo supo que era de mal gusto cuando trabajó en barcos de mayor calado. Se dio cuenta de que en los barcos pesqueros era necesario aprender de todo para no ser maltratado y sobrevivir de alguna manera a esa vida caótica de pescadores, secuestrados todos, en la anatomía singular de espacios reducidos, y a merced de las inclemencias de ese misterioso mar donde transcurría su vida de marinos.

"Por aquellos días, Salvador tenía ya diecisiete años. Ese fue el año en que el barco pesquero con el que ya llevaba un tiempo de marino tuvo que ir a Panamá de pasó para Japón y debieron dejarlo en San Miguel, una isla del archipiélago de Las Perlas. *El Yushin Maru* debió regresar al Japón para cambio de motores y congeladores, y para lo más necesario: sacarle la costra de años que tenía al casco deformado y darle luego, según lo mencionó el capitán, una buena pintada. Su regreso estaba en el aire.

"Pero Salvador no se quedó en San Miguel; de allí partió a la costa sur del istmo y desembarcó en Veracruz. Ese puerto tenía un pequeño malecón y muelles. Esa particularidad le hacía concebir la esperanza de que quizás ese malecón podía ser el de su niñez. Si lo fuera, lo reconocería de inmediato. Pero no resultó así. Aquellos muelles no le dijeron nada en absoluto. Durante horas, sin embargo, permaneció en el malecón distraído en la contemplación de ese sinfín de embarcaciones, veleros, lanchas y yates anclados en ese mar resplandeciente bajo un cielo azul sin nubes en medio de los agudos graznidos de las gaviotas. *Experimentaba una honda nostalgia.*

"Luego, Salvador viajó a Balboa, otro puerto del istmo. Al no reconocer los muelles fue en busca de las calles aledañas al malecón. Preguntó en los bares, en algunos negocios y posadas, tocó a las puertas de casitas donde vivían familias. Preguntó a transeúntes, a estibadores… sin ningún resultado. En los barrios aledaños al puerto también tocó en viviendas de familias, dijo su nombre y mostró el extraño amuleto que colgaba de su cuello, único testigo de su extravío. No tuvo suerte, nadie sabía nada de él. En la esquina de un edificio de bodegas, pegados en la pared de cemento había restos de afiches de toda clase y color. Uno de ellos le llamó la atención: desdibujado por la intemperie y el tiempo, el afiche mostraba la cara de un niño. Unas líneas de letras en igual condición estaban escritas debajo del retrato. Un hombre en uniforme que sin duda hacía guardia en las bodegas, se acercó y le preguntó:

"—¿Busca algo paisano?…

"—¿Acaso era ese un niño perdido? –le preguntó Salvador señalando el afiche del niño.

"—¡A ver!… ¡Ah, sí! Mire, todavía se puede leer el nombre…: *Galván García Quiroz.* ¿Sabe usted algo de ese niño o de su familia?

"—No. Busco a otro niño perdido, de nombre *Salvador* —y añadió– ¿Conoce tal vez usted a los padres de *Salvador?*

"—¿Y el apellido?… sin apellido es difícil conocer la familia. ¿Cuánto hace que se perdió?

"—Hace unos diez años. Cuando él tenía siete u ocho años.

"El guarda lo miró extrañado. "No, él no conocía a nadie".

"Si Salvador hubiese aprendido *el gran arte de las letras* hubiera descubierto la dirección de un matrimonio que buscaba a un niño de la edad de él y habría averiguado por qué esos padres seguían fijando ese afiche, cada dos años, en la esquina de las bodegas del puerto.

"El amuleto que le entregó el capitán del *Yushin Maru* cuando lo rescataron del bajío de Facundo, dijo que lo había comprado a uno de los tripulantes que se adueñó de él sin que Salvador se percatara del hurto. Eso sucedió cuando se quedó dormido en el pesquero... Salvador había olvidado como tantas otras cosas de su vida, el origen de ese amuleto; nunca supo quién se lo colgó al cuello. Ahora lo llevaba como algo muy importante de su pasado, tan importante como su nombre. Era un dije larguito de estaño con dibujos en relieve.

"Se lo había mostrado a *Singa, su maestro del Senzuru,* y él reconoció los dibujos en el amuleto, dijo que eran símbolos celtas. Prometió explicarle lo poco que sabía acerca de los celtas. También míster Brown en la *Aurora Boreal...* prometió contarle de los celtas, después de descifrar los relieves del amuleto".

6
Isla Toboga
Narración de Salvador

Desconsolado por la frustración de mi búsqueda por varios puertos del istmo, resolví viajar rumbo a una isla que había visitado antes de nombre Toboga, un poco al suroeste del istmo. Allí esperaría el regreso del *Yushin Maru*.

La isla estaba habitada en la parte sur por unas tribus de indios, que hablaban diferente idioma pero entendían algo de la lengua castellana. Pensé que me gustaría vivir con esa tribu que quizá, como la gente del bajío, no sería complicada.

Vivir en tierra firme en la ciudad o en los puertos, no era nada agradable, por esta razón les pedí a dos indios jóvenes que me llevasen a hablar con su autoridad y después de explicarle al jefe mis deseos de quedarme y trabajar con ellos, recibí permiso para hospedarme en una de sus primitivas casas. Con los indios *Yerarequi* aprendí a construir canoas y a tejer chinchorros. El jefe también consiguió una compañera para mí. Dijo que yo necesitaba mujer. Una indiecita de quince años de nombre *Tera* fue mi primera compañera de hogar. En esta tribu, se unían las parejas desde muy temprana edad. Por primera vez encontré a alguien que me trataba diferente y se preocupaba por mis alimentos y mi ropa. Estaba acostumbrado a las muchachas de los puertos, a las que había que pagarles por sus caricias. Con *Tera* fue una experiencia muy tierna. Ese fue un tiempo de mi vida que nunca se repetiría. Una vida con gentes de otra raza y con costumbres diferentes. Tuve que aprender a aceptar su alimentación, casi toda a base de maíz. Con la tribu encontré otra clase de hermandad dirigida por el jefe, como el hermano mayor. Con la raza de Facundo en el bajío, viví algo similar. Él era el hermano mayor, pero sin título de jefe.

Pasé un año largo al lado de *Tera*. Hubo un tiempo en que me olvidé de la espera del regreso del *Yushin Maru,* aunque tenía presente que el capitán había prometido recogerme. Después, cuando hice averiguaciones, entendí que el barco no regresó ni al archipiélago, ni a ningún puerto del istmo. Deduje que como el barco estaba tan viejo, quizá lo habían retirado de servicio y creí que tendría que resignarme a vivir en tierra firme. Pero, luego de un año y seis meses, mi residencia en Toboga estaba por llegar a su final.

Empezó un día cualquiera de la semana. Una nostalgia infinita se fue adueñando de mi ser. Algo que no podía disimular. La vida de hogar con *Tera* fue muy bonita por un tiempo. La amaba de cierta manera, pero no tanto, como para hacerme olvidar ese otro amor mío que me llamaba con urgencia.

La verdad es que me hacía falta el mar y la enormidad de su silencio. Me hacían falta las tempestades marinas, el rugir de los vientos y el brillante parpadear de los relámpa-

80

gos allá en el horizonte. Me hacía falta ver las nubes viajeras llevadas por los vientos que se iban perdiendo más allá de mi cielo. Me hacía falta el mugir de las ballenas y el canto de los delfines en las noches sin sueño.

Allá en los barcos estaba mi sedentario hogar. Un hogar donde me sentía completo, navegando los océanos bajo un nuevo cielo cada día. *Yo, Salvador, tenía que vivir en mi elemento, quería salir de esa vida que no era mi vida.*

Finalmente llegó la hora de mi partida. Una madrugada, abandoné furtivamente la isla de Toboga en una barca que navegaba rumbo a Veracruz. Un día después seguí la ruta hasta otro puerto del istmo con el propósito de conseguir trabajo de marinero en cualquiera de los barcos que arrimaban a los muelles. La barcaza me dejó en Balboa, al oeste de la ciudad de Panamá. Esperando la ansiada oportunidad de engancharme en un barco, trabajé de estibador cargando y descargando mercancía, para poder pagar alojamiento en una de esas típicas posadas, cercanas a los muelles.

Tres semanas de espera me parecieron eternas. Al principio de la cuarta semana vi arrimar a la marina un promisorio barco, no importaba que fuese pesquero. Aunque bastante oxidado, todavía tenía vestigios de pintura llamativa. El corazón se me quiso salir del cuerpo, porque se parecía al *Yushin Maru*. Me acerqué a mirarlo, y me di cuenta de que su nombre era *Senzuru* y mucho más grande, de mayor calado. Allá al final de la popa, sí estaba la banderita blanca con la pelota roja en el centro.

Muy temprano en la mañana me acomodé detrás de un muro desde donde podía observar los movimientos de los tripulantes en el pesquero; exactamente como lo hice cuando viví mi primera aventura en mi vida de niño.

Allí, detrás del muro pasé la noche, porque algo me decía que en ese barco encontraría trabajo. Allí encontraría algo. No sabía qué… ¡pero algo!

En la mañana salieron dos hombres del barco y se dirigieron a la caseta de oficinas que estaban cerradas todavía. Ya había allí algunos estibadores y marinos sentados a los lados de las puertas. Yo corrí a formar parte del grupo, que se levantó en cuanto vieron a dos hombres que se acercaban.

El viejo de barbas dijo en castellano que necesitaba un solo tripulante y solamente para este viaje de pesca con destino a la zona ecuatorial. El barco llamado *Senzuru* necesitaba un solo hombre para reemplazar a uno de sus marineros que estaba muy enfermo. Añadió que debía tener experiencia con todo lo que se refería a trabajos de pesca.

Dos hombres se adelantaron. El viejo oficial preguntó la edad y experiencia a uno de los hombres y luego se lo comunicó al oficial japonés, bastante joven. Lo mismo hizo con el otro aspirante. Cuando me tocó el turno, el oficial preguntó por mi edad y cosa extraña, no supe qué responder; me quedé perplejo.

7

El Senzuru

Cuando el oficial del barco japonés preguntó mi edad…, alguien detrás de mí dijo: "Diga veinte".

A la pregunta en japonés: *"Nan sai desu ka…"*, (¿Qué edad tienes?) respondí: *"Hatachi"*. (Veinte).

El capitán me miró asombrado y enseguida preguntó por mis experiencias en los pesqueros, y mi nombre. *Salvador solo*, le respondí. Desde ese día mi nombre en los barcos japoneses fue Salvador; mi apellido, Solo.

Partimos una madrugada hacia los mares del Sur. Los pesqueros japoneses iban siempre rumbo hacia Colombia y el Ecuador en busca de la legendaria riqueza de los mares de la línea ecuatorial.

Mi primer trabajo en ese barco bautizado *Senzuru*, sería de ayudante en el lugar de los congeladores donde se procesaba la pesca. Sin embargo, pronto descubrí que como en los otros pesqueros haría de todo; lo que nadie de la tripulación quería hacer. Descubrí también que el cocinero era una persona muy importante en ese barco; mi estrategia sería ofrecerle mi ayuda, así, quizá llegaría a ser su amigo y no tendría que esperar hasta recoger los platos del capitán y del contramaestre para recibir mi ración de alimento.

En el *Senzuru* el contramaestre y el cocinero hablaban español. Escuché que a este último lo llamaron *Singa*, porque era oriundo de Singapur. Aunque esa ciudad no queda en la China, ese hombrecito parecía un chino de pies a cabeza, y todo un personaje misterioso, con unos cuantos años encima, aunque supongo que tampoco tantos porque si hubiera sido muy viejo, no lo hubiesen contratado. No en absoluto. Pensaba en eso mientras el chino me decía que había vivido unos años en Manila con la hermana de su difunta madre y que fue allá que aprendió el español.

Busqué a *Singa* en la cubierta, cuando me di cuenta de que en las noches él se iba a descansar en algún rincón de la proa. Me senté a su lado y le ofrecí ayudarle en lo que fuera. Los días pasaron y, finalmente, una mañana me pidió que le ayudase a llevar el desayuno al capitán y al contramaestre, lo mismo que la merienda en la tarde. Para ganarme su amistad, también ofrecí arreglarle su camarote. La suya, era una cabina muy pequeña, tan pequeña que tuve que mover de la entrada dos cajas de cartón corrugado, y al hacerlo para poder pasar, se desparramaron unos libros que por cierto lucían muy viejos y deteriorados. Pensé: "el chino es un hombre sabio si puede leer todos esos libros que guarda en su cabina".

En una ocasión le pregunté si de verdad era chino de nacimiento, y me contestó:

—Claro que sí, muchacho, mis padres eran de la China, de la provincia de Hunan. No conozco esa provincia, porque me llevaron de meses a Singapur.

—¿Y cuántos años tiene usted, *Sing*a?

—No tengo edad. ¡Mírame! ¿Acaso este rostro tiene edad? ¡No me preguntes necedades!

Nunca volví a preguntárselo. Además, me di cuenta de que cuando el chino preparaba los alimentos en la estrecha cabina que era la cocina, lo hacía en silencio, muy concentrado y no admitía que nadie entrara. Yo lo contemplaba desde lejos.

Lo observaba con curiosidad, empezando porque era el segundo chino cocinero que conocía, pero este personaje me parecía, además, misterioso. En su rostro había arrugas bien marcadas, pero solamente en la frente y su piel lisa y curtida por la sal de los vientos marinos no mostraba ni un solo pelo. Los ojitos sin párpados, sin ninguna expresión, como los ojos de los peces. Tenía una nariz tan pequeña que parecía un botón y los labios eran solo una línea que dejaba ver, a veces, unos dientes pequeños curtidos por la nicotina. De estatura más bien alta, cuerpo huesudo y piel seca. Tenía el cabello escaso, matizado con hebras blancas y una sola trenza amarrada con baratijas chinas. Su modo de vestir también me llamó la atención porque sus pantalones anchos de tela negra los llevaba amarrados con un cordón. Usaba camisas con mangas cortas y anchas, sin cuello ni botones, dejando ver unos brazos flacos sin un solo vello. En los pies, babuchas de lona negra.

En su tiempo de descanso, fumaba constantemente cigarrillos que él mismo liaba envolviendo el tabaco en papelillo blanco. Otras veces, fumaba una pipa de agua. Al observarlo me recordaba las figuras de chinos que había visto en los cuadros que se vendían en las tiendas de algunos puertos.

Singa tenía un temperamento irascible, pero cuando estaba de buen humor, traducía con mucha paciencia al español páginas de los libros que leía para que yo los entendiera. Otras veces, leía callado, y después me contaba lo que había leído. Me decía que esos libros los había leído muchas veces, desde que aprendió a leer. Los leía una y otra vez, y nunca se cansaba de hacerlo. Para él eran un tesoro, su única riqueza y hacían parte de su existencia.

En las noches tranquilas cuando esperábamos que los pescadores subieran las redes del fondo del mar con su carga de peces, *Singa* y yo nos sentábamos en la cubierta de la proa, en un sitio alejado de las grúas, y de los montones de redes y barriles. Allí, arrimados a un montón de cabos nos entreteníamos contemplando el cielo estrellado. *Singa* fumando su pipa de agua y yo, en silencio, mirando la noche y preguntándome tantas cosas de las que no sabía nada. Algunos marinos dormitaban más allá en la cubierta, arrullados por el vaivén de la embarcación y la monótona música del oleaje al tocar el casco del *Senzuru*.

En una de esas noches de estrellas, había una extraña calma, algo así como el silencio que produce la inmensidad de un mar que en la noche es aún más misterioso. Los vientos de babor amainaron temprano en la tarde y apenas si se movía el barco con el oleaje. La bóveda del cielo lucía cuajada de estrellas, semejante a una joya nunca imaginada.

Singa dejó la pipa a un lado y dijo, con su voz sin edad, apuntando al cielo: —Salvador, ¿ves ese lucero, el más grande, que te guiña con ternura y parece que te llama?, pueda que sea tu madre que te contempla desde allá.

—¡Oh no, amigo mío! Mi madre vive en la tierra, si es que vive… ¿Cómo puede estar allá? –le corregí con premura.

—Todo es posible, Salvador… siguiendo la ruta del misterio. Si tu madre ya no existe, es porque le llegó la hora de dejar su cuerpo en la tierra. Allá, a esas estrellas iremos algún día para formar parte del cosmos, porque de allá venimos. Allá, en ese cielo cuajado de estrellas, están tus antepasados.

—Ojalá algún día pueda yo entender, si tiene la paciencia para enseñarme, tantas cosas que no sé. No entiendo cómo pueden estar allá todos los que mueren.

—Si el cielo está bien claro puedes viajar con tu mente aun más allá y espiar lo que están haciendo los espíritus que ya llegaron a la luz.

Y continuando con su voz de siglos, como si le hablase al misterio de la noche, me dijo:

—Salvador, quiero que pienses en el mar y en su superficie. Durante el día, tú ves un mar con un constante oleaje, donde los colores cambian debido a los reflejos del sol y el paso de las nubes. En las noches, cuando hay luna, lo percibes fosforescente, con estelas doradas y el fulgor de la iluminación de los sargazos. ¿No es así?… Pero, ¿te imaginas esas profundidades adonde los rayos del sol no llegan? Piensa en todo lo que vive allá en esas aguas quietas y negras en la oscuridad absoluta. Allá hay vida. ¡Vidas que se mueven en esa oscuridad eterna! En esas profundidades hay montañas, cañones, ríos, planicies y desiertos como los hay aquí en la tierra firme. ¿Acaso no te maravillas de tantos misterios?

Algunos terribles, ¡otros maravillosos! Y, pensar que todo lo que nos rodea es la creación de un ser más allá de lo que podemos entender o imaginar....

Después de una pausa continuó:

—Salvador, tienes que aprender a ver y a sentir. En las noches tranquilas puedes acercarte al misterio del Universo. Ya te expliqué lo que es el Universo, espero que no lo olvides. Mira la noche, el cielo, el mar, el ruido del oleaje... Escucha el viento, el cantar de las ballenas y el chasquido de los delfines... la noche tiene sus cantares y aquí en la inmensidad de esta soledad... oye con atención, Salvador, amigo mío, escucha el palpitar de tu corazón y te darás cuenta de que estás metido en ese misterio que te envuelve, te lleva y te trae. ¿Acaso no sientes a ese universo en los días o en las noches de tempestades? Tu ser se encoge de terror por la furia de los vientos que violentan el mar. Te sientes tan pequeño como un grano de arena y entonces llamas a tu Dios y a tus padres para que te protejan de semejante vehemencia.

—*Singa*, yo no tengo Dios –le contesté–. La gente de los bajíos con la que viví un tiempo, tampoco lo tenía. Sin embargo, creo que me gustaría tener un Dios que me protegiera. ¿Cuántos dioses hay?

—Hay un solo Dios. Poco a poco vas a ir aprendiendo a conocerlo. El hombre debe tener un Dios, esto se lo dice su alma.

—¿Cree usted, Singa, que ese Dios del que me habla me ayudará, si se lo pido, a encontrar un día a mis padres?

El viejo chino se sintió intrigado por mi pregunta y respondió:

—Si lo deseas con todo tu ser, los vas a encontrar. ¿Cuándo? …Eso hace parte del misterio del destino de tu vida. Pero primero, tienes que buscar a tu Dios. Cuando lo encuentres, pídele que te guíe y te proteja.

Después de escuchar a *Singa* quedé pensativo por días y días. Les repetía mis preocupaciones a algunos de los marinos pescadores, pero no les importaban para nada mis preguntas y comentarios. Se burlaban de mí, diciendo que el chino *Singa* era un hombre extraño y me enredaba la mente con cuentos que no tenían pies ni cabeza.

Los pescadores japoneses de este barco eran unos hombres terribles. Pocas veces me acerqué a ellos porque temía su brusquedad. Algunos habían sido cazadores de focas y ballenas, y por riñas habían dejado sus trabajos en otros barcos. Durante las tempestades, cuando el mar se tornaba amenazante con olas inmensas, el barco se movía de un lado a otro como si fuera un juguete; los vientos, los rayos y la lluvia amenazan con hundirlo; *Singa* y yo buscábamos de dónde agarrarnos para no ser llevados por el oleaje que pasaba inundando la cubierta. Los pescadores y los hombres encargados de las calderas y el timón, junto con el contramaestre, se movían de un lado a otro amarrados con cuerdas, maldiciendo a gritos con un salvajismo incomprensible, como si estuviesen librando una batalla de vida o muerte con los elementos de la naturaleza.

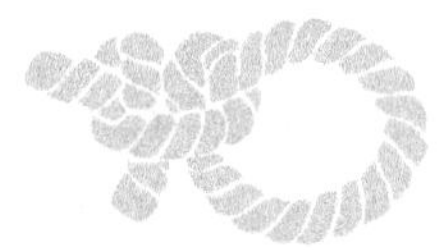

8
Enseñanzas de Singa

En una noche oscura, con pocas estrellas en el firmamento, apenas una brisa de levante acompañaba el barco que se movía con pocos nudos sobre un mar calmado. *Singa* y yo buscamos un poco de descanso arrimándonos a los botes salvavidas. *Singa* fumaba la tubería china que salía de un tarrito de agua. Yo, callado, cerré los ojos porque no había nada para ver. Singa con su voz sin edad, me despertó del letargo que me cobijaba:

—Aprender a ser humano, no es fácil, amigo mío. Me tomó tiempo aprenderlo y todavía no estoy seguro si de verdad ya terminé ese aprendizaje. Aprender a ser persona, a veces toma toda una vida.

—No entiendo nada de lo que usted dice, *Singa*.

—Te explico: ser humano es lo que te diferencia de los animalitos que hacen todo por instinto. Tú, Salvador, puedes pensar, puedes hablar, puedes razonar, puedes aprender miles de cosas si te lo propones. Sin embargo, todos tenemos que aprender a comportarnos como seres humanos porque

90

ya sabes que tenemos el privilegio de tener un alma. Esta alma es la que nos hace de verdad seres humanos. Si tú observas, nadie se parece a ti o a mí; somos diferentes. Por eso debes aprender a observar al hombre y lo que te rodea. Observa al capitán, a los marinos pescadores. Aquí en este barco solo hay hombres; sin embargo, cada uno es su propia persona. Obsérvalos de cerca, no solamente su físico, sino también su alma.

—Singa, usted siempre habla del alma, explíqueme: ¿qué es el alma?

—El alma es lo que llevamos todos muy adentro; es la vida con su inteligencia, sus sentidos; una energía como la de los rayos del sol. No se puede tocar, no la puedes ver, como se ven las redes o los peces… El alma es la vida que maneja este cuerpo mío, este cascarón que semeja el casco de este barco. Te confieso que en las noches o días cuando el mar se enfurece, mi alma se estremece y entonces le pido a mi Dios que me salve de los vientos destructores, porque quiero que mi alma no se vaya todavía y deje este cuerpo perdido en los misterios de las aguas. Quiero morir allá, en mi tierra, donde pueda ser incinerado en una pira como mis antepasados.

Cruzó los brazos y un hondo suspiro acompañó su silencio.

Otro día, y otra noche: la luna llena iluminaba el barco, no se necesitaron lámparas que alumbraran la cubierta. Con *Singa* buscamos un sitio detrás del puente del capitán, alejados un poco de la animada tertulia del contramaestre con dos marineros. Esa noche, una gran extensión del mar estaba iluminada por una luna brillante que la hacía parecer un espejo reflejando el infinito. Había un misterio insondable, interrumpido solamente por el golpeteo monótono del oleaje en el casco del *Senzuru*; *Singa* miraba el cielo y el mar en silencio, fumando su pipa china. Y yo, mirando esa luna tan hermosa, recordé el bajío de Facundo, donde me dejaron la primera vez. Recordé que en noches de luna como esta, en un cielo limpio de nubarrones, la gente no dormía, dejaban las casitas y se reunían en la playa frente al mar, bajo las palmeras haciendo ruedo. Sentados en la arena reían de los relatos que inventaban los cuenteros, cantando de tiempo en tiempo: *"Luna lunera cascabelera, dile a mi negrita, por Dios que me quiera…"* y otras canciones que no recuerdo. Servían aguardiente que ellos mismos preparaban; de una canasta sacaban y repartían pan de coco y tamalitos de jaiba. Decían que estaban celebrando la hermosa aparición de la diosa Luna para que les ayudara con la buena pesca. Los muchachitos cogidos de las manos saltando alrededor de una palma cantaban: *"Si la luna fuera queso y del cielo se cayera, con el hambre que yo tengo, a la luna me comiera"*. En otra ocasión vi una pareja en una playa desierta metida en el mar, pero solamente hasta donde el oleaje les bañaba las piernas. La mujer miraba a la Luna y hacía gestos extraños: con las manos se tocaba la cabeza y hacía el gesto de sacar algo de ella para mandarlo a la luna. Facundo dijo que esa pobre mujer tenía la mente confundida y la Luna la iba a curar.

De mis recuerdos me sacó *Singa* cuando me preguntó:

—¿Sabes, Salvador, de qué color es el mar?

—Azul, casi siempre azul, pero a veces verde, gris, rojizo, dorado… y por las noches casi siempre negro si no hay luna –le contesté.

—El agua no tiene color. El sol le da el color azul al mar lo mismo que a la nieve en la cima de las montañas, pero claro, tú no conoces todavía las montañas azuladas.

—Pero *Singa*, el sol es amarillo no azul...

—Entre el sol y la tierra hay un espacio que se llama *atmósfera*, entonces cuando los rayos del sol llegan al mar tienen que pasar por esa atmósfera y se produce el cambio de color. Te explico: si pones una lámpara o una llama cerca de algo blanco o incoloro la vas a ver azul. Y si tienes algo como una llama azulada y alumbras una superficie blanca la vas a ver del color del sol.

—Ya entiendo *Singa*, pero no del todo... Y, dígame maestro, ¿usted sí conoce las montañas y muchos sitios de la tierra?

—Un viejo como *Singa* ha viajado por muchas vidas, pero creo que la más honorable es la que pasé al lado de mi familia.

—Cuénteme de su familia, amigo mío. Yo, que nunca tuve una, no imagino cómo puede ser. Cuénteme de su vida de niño.

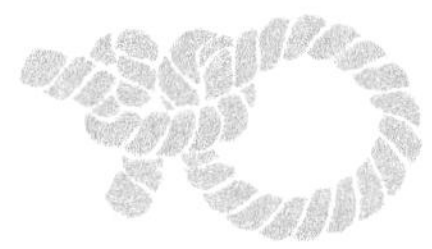

9
De la vida de Singa

Singa le contó a Salvador de su familia en Singapur, donde vivió en una casita de bambú muy cerca de un templo, en donde su padre estaba encargado de los jardines. Allí, en esa casita, crecieron tres hermanos, siempre solos, porque también su madre trabajó en un taller de cerámicas. La escuela quedaba alejada del villorrio y en una barquita que siempre estuvo amarrada a un muro en un canal muy cerca del templo, *Singa* navegaba con *Isuk* su hermano, durante una hora, tres días a la semana para llegar a la casa del maestro que les enseñaba a leer y escribir mandarín, la lengua oficial de China.

Singa tenía la edad de catorce años cuando su madre enfermó y a los pocos días murió. Su padre también enfermó a los pocos meses y dejó el trabajo de los jardines. Entonces *Singa* tuvo que trabajar en lo que fuera para ayudar a su familia. Fue así como entró de ayudante de cocina en un restaurante chino donde aprendió el oficio de cocinero y podía conseguir alimentos para su padre y hermanos. Su padre murió dos años después de la muerte de su madre. Antes de morir les habló de la hermana de su esposa en *Batanga*, un puerto en Filipinas, y también de dos hermanos suyos que vivían en *Sandakan* en la isla de Borneo. Les pidió a sus hijos ir en busca de estos familiares y hacer sus vidas junto a ellos.

Después de un año finalmente reunieron el dinero para el viaje, vendiendo los enseres de la casa. En el lanchón el viaje fue calamitoso, solamente les daban una pequeña ración de alimentos por día. Buscaron durante varios días a sus tíos en *Sandakan*, pero solamente encontraron uno. El otro, vivía en Sumatra. Se dieron entonces cuenta de que los tres hermanos no podían quedarse a vivir con él y decidieron que el menor de ellos se quedara en Borneo.

Singa viajó con su hermano en busca de su otro tío en Sumatra y cuando al fin lo encontraron, en un puerto de nombre *Blinyu,* fueron bien recibidos por su tío y su esposa. Ellos no tenían hijos. *Singa* no se quedó con ellos y dijo que iría en busca de la hermana de su madre que vivía en Filipinas en un pueblo de nombre Batanga. Trabajó por un tiempo en otra población costera, hasta que consiguió engancharse como ayudante de cocina en un bergantín que viajaba a Filipinas.

Tres meses le llevó encontrar a la hermana de su madre en un pueblo no muy lejos de Manila. *Singa* no quería ser una carga para su tía y su familia. Buscó trabajo en lo que fuera y pronto encontró uno como jardinero en una escuela budista. Seis meses después le confesó a su tía que él quería trabajar en los barcos para poder conocer el mundo. Su vida estaba en el mar. Sentía dejarla, pero tenía que viajar a un puerto y buscar un trabajo en cualquier navío que surcara los mares del Pacífico.

Desde entonces, vivió su vida en los barcos que navegaban por el océano Pacífico. Después de contarle esas historias, se sinceró con Salvador:

La tierra firme pesa demasiado para mi existencia... quiero llevar una ligera carga y moverme con los vientos marinos y que el barco se haga cargo de mi humanidad... No deseo tener raíces en la tierra, como los árboles, sino ser un viajero constante en el universo, al igual que las nubes. Yo sé que el hombre depende del barco, aunque parezca lo contrario; sin embargo, somos dos los que navegamos en busca de parajes elusivos. En esta residencia marina nada tenemos que nos amarre a la tierra: no casa, no muebles, no familia. Solamente somos dueños de nosotros mismos.

—Y cuando ya no consiga trabajo en los barcos, por lo viejo, ¿qué va a ser de usted, maestro *Singa*? –le preguntó alarmado Salvador.

—Lo he pensado en las noches sin sueño, y mi deseo es llegar a Borneo y Sumatra en busca de mis hermanos, lo que quedó de mi familia. Tendré que aprender a vivir sin este mar que es mi vida, pero no será por mucho tiempo. Escucha, Salvador, en algún libro leí algo sobre el destino de los hombres del mar, dice así:

"Todos los marineros para siempre han partido, vivieron una vida según su derrotero, pero han muerto exactamente como habían partido".

10
El gran arte de las letras

Singa se acercó con su pasito ligero al lugar de las redes donde estaba yo con otros dos hombres tratando de organizarlas y dejarlas listas para ser echadas al mar. Se quedó callado mirándome con un gesto de impaciencia. Me dijo que cuando terminara mi oficio lo buscara; tenía algo muy importante que decirme.

Lo encontré en la baranda de estribor. Había una singular inquietud en ese rostro sin edad. Al verme llegar me dijo con tono de preocupación:

—Escucha, amigo mío, anoche no llegó el sueño porque estuve pensando en ti, en algo que no entiendo de tu humanidad…, y es que tú, Salvador, no sabes leer todavía. Tienes que aprender a leer para poder vivir en este mundo…, en cualquier mundo. Voy a explicarte por qué son importantes los libros.

Salvador quedó extrañado por el comentario de *Singa*, y le dijo:

—¿No cree, *Singa*, que eso de aprender a leer es ya muy tardío para mí? Y aunque lo quisiera… ¿dónde y cómo?

—Aquí en los barcos puedes conseguir quién te enseñe. Pero primero tienes que conseguir en algún puerto una cartilla de esas que se usan en las escuelas, lápiz y papel. Eso es todo.

El resto del día Salvador estuvo preocupado. Leer libros le parecía algo que él nunca podría hacer.

En la siguiente mañana, después de los desayunos, *Singa* llamó a Salvador para invitarlo a su camarote y enseñarle sus libros. Los tenía encima de la litera que hacía las funciones de cama y mesa. Cogió el más viejo de todos, uno amarillento manchado por la humedad… Lo primero que vio Salvador fue la imagen de un barco velero, una de esas embarcaciones que ya no se ven por ninguna parte...

—Mira este libro, se llama *Moby Dick*. Es la historia de un capitán que comandaba una embarcación de pesca de ballenas de espermas... Nunca podrás imaginarte lo que está escrito en cada página de este trajinado libro... pero cuando aprendas a leer puedes encontrar en este libro y en cada uno de ellos, mundos que ni siquiera te puedes imaginar... historias increíbles de grandes capitanes de barcos..., historias fantásticas del mar, como también historias de vidas de seres humanos con todos sus defectos y virtudes. Encontrarás historias de terribles crímenes y condenas..., aventuras que te dejarán sin respiración. Las maravillas que se encuentran en cada uno de estos amarillentos libros me han llenado la vida.

Mirándome con sus ojitos de mentira dijo con solemnidad:

—Prométeme, Salvador, que vas a aprender a leer, porque si no lo haces, te vas a condenar a vivir como los animales que conoces; que hacen todo por instinto. Prométeme ahora mismo que lo vas a intentar.

—Le prometo hacerlo, tan pronto encuentre la cartilla y a alguien con paciencia para enseñarme. Este será el más grande, el más urgente propósito de mi vida entera. Aprender *el gran arte de leer.*

De *Singa*, mi primer maestro, aprendí muchas cosas: acerca de la Tierra, de su clima y de las estaciones; de los vientos; el porqué de las tempestades y las corrientes marinas que como ríos recorren los océanos. Aprendí acerca del Universo, los movimientos de los planetas alrededor del sol. Pero más que todo escuché sus enseñanzas acerca del hombre y su condición de ser humano. No era fácil aprender a ser humano, aprender a ser gente, dejando atrás lo atávico. En el barco me enseñó a estudiar a cada personaje, empezando por el capitán e incluyéndose a sí mismo.

Algo que me impresionó de sus enseñanzas sobre los misterios del mar que navegábamos día tras día fue lo explicado acerca de las profundidades del océano:

—Cuando te hablé de las profundidades del mar, te dije que allá había vida, vida que nunca ve un rayo de sol. Esos seres sobreviven en la oscuridad…, y pensar que aquí en nuestro planeta, bajo el sol, también hay criaturas que viven en la oscuridad porque no quieren ver la claridad del día. Sus almas se acostumbraron a la oscuridad de los abismos. Estos son los hombres sin Dios ni ley; y cuando los encuentres en tu camino ten piedad de esas almas, pero no te acerques mucho a ellos.

En los tres viajes del *Senzuru* con *Singa* en la tripulación, siempre busqué su compañía para escuchar sus enseñanzas. Cuando nos despedimos por última vez, hizo una profunda reverencia y me dijo muy solemne:

—Hasta que nos volvamos a encontrar –y miró al cielo significativamente.

Salvador siguió el consejo de *Singa* y cuando se despidió del chino en Guayaquil, Ecuador, consiguió un trabajo en el puerto como estibador para quedarse allí un buen tiempo con el propósito de buscar un maestro que le enseñase a leer. Alguien le recomendó visitar la escuela de un barrio pobre donde podría conseguir un maestro necesitado. Así fue como llegó a contratar a Jorge Peralta, un maestro joven y entusiasta que se comprometió a enseñarle el arte de leer por una cantidad semanal que, aunque módica, le tomaba a Salvador buena parte de lo que ganaba. Ocho meses sin descanso, haciendo tareas de lectura y con la devoción de una disciplina que se impuso porque en su próximo enganche llevaría libros que ya podría leer. El maestro le aconsejó también que consiguiera un diccionario y le enseñó cómo usarlo.

Salvador permaneció casi un año en Guayaquil trabajando en el puerto y aprendiendo *el gran arte de las letras*. No quiso ya embarcarse en pesqueros, sino en otra clase de barcos; podían ser barcos de vela, lanchones o de calado mayor como cargueros... Se sentía confiado para empezar una nueva etapa de su vida en el mar.

TERCERA PARTE

En busca de sirenas

1

El Narcissus.......
Salvador cuenta otras de sus aventuras
en el velero *Narcissus*

El capitán del velero *Narcissus*, preguntó:

—¿Buscas trabajo en nuestro barco?

Asentí con un movimiento de cabeza, mirando directamente a los ojos azul bandera del capitán y dije:

–Sí, mi capitán.

—¿Y tu edad?

—Mi edad la tengo pintada en estos brazos de marino, mi capitán... –contesté, y luego añadí–: he navegado desde los ocho años, sin embargo, confieso que nunca he puesto los pies en un velero.

—¡Ah! ¿No?... ¡Vaya que tienes arrestos para buscar trabajo sin estar calificado! –comentó el oficial con un gesto de sorpresa en su rostro curtido por el sol marino.

—Yo le aseguro, mi capitán –afirmé con entusiasmo– que aprendo en un dos por tres, lo que haya que aprender. Además, le confieso que soy uno de esos hombres que *ama el mar, más que a su propia vida.*

Fui enganchado como *grumete* (aprendiz de marinero de velero). Debía presentarme muy temprano a la mañana del día siguiente porque zarparían a las cuatro de la tarde cuando el viento sería favorable para la salida. No sabía adónde iban. No importaba, logré embarcarme, ¡había tenido suerte!

Quiero contarles que antes de este enganche había viajado de Guayaquil al puerto del Callao, donde yo pensaba tendría más chance de embarcarme. Durante dos largos meses esperé una oportunidad trabajando en el astillero. Hacía trabajos diferentes, pero cuando tenía tiempo corría a los muelles del puerto y buscaba asiento en algún muro carcomido por el salitre y allí suspiraba hondamente mirando ese mar que me llamaba con urgencia. Allí estaban los grandes barcos, las embarcaciones menores, las gaviotas, el olor a salitre, y en mi mente las añoranzas de los tiempos que navegué en las aguas de ese océano que tanto amaba.

En esos días de espera, pude observar el velero anclado a una considerable distancia del muelle principal. Lo miraba, imaginando lo que había dentro de esas líneas blancas que reverberaban bajo el sol de un trópico nada amable. Ese día cuando visité el muelle, sentí una corazonada, presagio de un acontecimiento. Vi que la goleta se acercaba un poco más a los muelles del puerto y entonces pude admirar en todo su esplendor las gloriosas líneas del casco y los mástiles desnudos de velas; estas yacían enrolladas en las varas y eran del color de la espuma.

Y fue en ese día, cuando ya estaba a punto de perder la confianza en mi corazonada, cuando vi que se acercaba una lancha. Partió del velero y se acercó con tres personas a bordo al mismo muelle donde yo agonizaba en la espera. Llegó la lanchita. Los tres oficiales uniformados de blanco subieron por el muelle. Uno de ellos, el de la gorra con galones dorados, se detuvo y me preguntó: ¿Buscas trabajo?

Los días en el velero fueron de descubrimiento y asombro. En una cabina con tres literas, una sería para mí. El poste de su litera sirvió para colgar el bolso tejido de cáñamo, donde guardaba mi gran tesoro adquirido en Guayaquil: tres libros y un diccionario; por cierto muy usados por lo que tuve que forrarlos con un burdo papel. Sus títulos: *Canto de sirenas,* de Ernest Gann; *El lobo del mar,* de Jack London, y *Tifón,* de Joseph Conrad… Los busqué por todo Guayaquil, pero finalmente el dueño de una tienda donde se vendían libros usados los consiguió, aunque me los vendió unos sucres más caros. ¿Por qué estos libros? Fueron recomendados por *Singa, mi primer maestro chino* y también por mi otro maestro Jorge Peralta. En mis años de vida marina los he leído y releído infinidades de veces. Llegaron a ser mis libros preferidos. Nunca me cansé de leerlos. Puedo recitar pasajes enteros que guardo en mi memoria de aventurero.

2

Y volviendo al Narcissus

La tarde en que partimos, salimos del puerto usando los motores que llevarían el velero hasta encontrar unos vientos favorables para poder desplegar las velas. Un mar agitado nos arrastró por un buen trecho, hasta que al fin encontramos los vientos de barlovento que el capitán buscaba afanosamente.

Iba el *Narcissus* con todas las velas desplegadas y bien templadas. Navegamos toda la noche en un mar iluminado por una luna llena y un viento favorable hasta casi el mediodía del próximo día. En mi primera noche estuve de turno con otros marineros encargados de gobernar la embarcación, mientras el capitán y el resto de la tripulación dormían.

En la mañana ayudé a servir el desayuno. El cocinero antillano, Emiliano Pomares, era un hombre taciturno de mirada desconfiada que hacía su oficio en silencio. Tendría unos cuarenta años; alguien dijo eso. Lo llamaban *Esmeril* por Emiliano; un mulato alto, flaco y estirado como una lanza… Le pregunté si sabía adónde íbamos y me miró con ojos de incredulidad.

—¿De verdad no sabes que vamos en busca de sirenas…? El dueño del *Narcissus* y el capitán así nos lo dijeron al engancharnos –exclamó sorprendido. Pensé: "*Esmeril* se burla de mí".

En los días que siguieron lo estudié y me di cuenta de que como casi todos los hombres que conocí en esos tiempos de aventuras marinas, el cocinero tenía una vida, quizá trágica, que estaba camuflando en el *Narcissus*. En una ocasión se pasó de tragos y con una risita enigmática le contó a un marinero sobre un desengaño pasional que lo impulsó a ir de barco en barco durante siete años hasta que encontró lo que buscaba: trabajar en un velero. "Después de este viaje –aseguró con ademanes definitivos de manos, cabeza y voz–, partiré en secreto a un destino que solamente yo conozco".

¡Vaya cosa! –me dije tratando de entender lo que había escuchado.

Observé que el capitán del barco tenía una rutina de paseo en las mañanas y a la caída del sol, siempre acompañado del dueño del velero. Caminaban de proa a popa y viceversa por espacio de casi una hora. Dos hombres muy diferentes, en su físico, como pude apreciar desde el momento en que los vi: el capitán con una cara de mandón, con las cejas fruncidas, mentón cuadrado y patillas largas con puntas hacia las comisuras de la boca; de voz recia y ademanes bruscos; su nombre: *Thomas Bruguera,* no me decía mucho, respecto a su nacionalidad. En la medida en que lo conocí me pareció un personaje salido de los libros que llevaba conmigo. En cambio, el dueño del velero, un hombre de mediana estatura con barba blanca y dorada, aunque escasa, parecía un abuelo de los que se ven por las calles de una ciudad paseando con sus nietos. Siempre llevaba una gorra de *skiper*, color azul marino con una ancla bordada con hilos dorados.

Alguien dijo que el dueño del velero, Mr. Enke, había esperado muchos años para realizar el sueño de su vida. El sueño de tener un velero. Tuvo la oportunidad de comprar el *Narcissus* a un millonario de California, y así navegar por mares nunca imaginados en busca de aventuras, como en este viaje en busca de sirenas. Quería verlas muy de cerca, si tenía suerte. Escuché que según un mito, allá en unas islas llamadas Gorgona y Gorgonita había unas sirenas elusivas, que pocas personas habían tenido la suerte de ver.

Los primeros días en el velero mi oficio de *grumete* se vio interrumpido porque me mandaron a la cocina para ayudar a *Esmeril,* y luego de mesero en el comedor del Capitán Bruguera y míster Enke, el dueño del velero.

En ese velero de 60 pies de eslora, en la cabina principal había una mesa que servía para comer y para juego de cartas; como también un sofá grande y dos sillas, aseguradas al piso, lo mismo que las cuatro sillas de la mesa. Un abanico en el cielorraso para los días calurosos, que eran muy raros. Poco a poco iba aprendiendo los nombres de los aparejos del velero: arboladura, jarcias, vergas, trinquetes, mesana, drizas, amuras, crujía, entre unas cuantas más.

Comparado con los barcos pesqueros donde, como ya saben, anduve embarcado por años; *el Narcissus* era un bello barco que parecía recién salido de los astilleros. En el velero no había el olor a marisco, el olor a sudor acumulado, la vista de vísceras en las mesas de sacrificio, la ordinariez de los hombres y tantos incidentes como se suceden a diario en los barcos pesqueros y con los que nunca aprendí a convivir.

Los incidentes diarios en el Narcissus eran de otra clase. Observé que el capitán y míster Enke consumían whisky escocés desde temprano, y deduje que a eso se debía el hablado bastante singular de míster Enke, con expresiones en otros idiomas, y su paso inseguro, acentuado por el bamboleo de la embarcación.

Singa, el viejo chino del *Senzuru,* me había enseñado a observar a los hombres que componían la tripulación de cualquier barco con los que debía convivir noche y día. Algo muy interesante para mí fue descubrir que algunos de los tripulantes eran hombres que buscaban camuflarse en ese ambiente de cielo, mar y vientos, en el silencio de las noches de misterio…, camuflarse en sí mismos o en el escondite de la soledad. Lejos de la tierra, trataban de burlar sus identidades. ¡Hombres con pasados!

Otros, como yo, amaban de verdad la aventura y le entregaron a ese mar todo su ser.

3
Confidencias de Esmeril

Una noche *Esmeril* me encontró detrás del puente de mando. La oscuridad era absoluta, sin luna, sin estrellas. El retumbar de un trueno en la distancia rompía el silencio de la noche. *Esmeril* tenía tufo de haber tomado ron. Callado miraba la noche. Me pregunté. ¿Qué le pasará? Transcurrieron unos minutos que me parecieron eternos y de pronto *Esmeril* se sentó a mi lado y me abrió su corazón, confiándome el gran secreto que guardaba su vida. Con voz de infortunio agravada por el alcohol me confió que tenía una esposa y dos hijos en una ciudad del istmo. Que fue empleado en la aduana marítima de la ciudad de Colón. Que se casó muy joven con una mulata que había sido el amor de su vida desde el tiempo de sus estudios secundarios. Y que tuvieron dos hijos en cuatro años de casados. Un día, al regresar a su hogar más temprano que de costumbre, encontró a su mujer en los brazos de otro hombre. Desde entonces anda embarcado de cocinero, tratando en vano de olvidar. Aprendió a cocinar por necesidad, con libros de cocina. Pero su gran deseo es reencontrarse con sus hijos y volver a compartir con ellos. Después, tenía pensado irse a vivir a alguna de las islas de las Antillas.

4

En la costa de Colombia

Por cuatro días hemos sido arrastrados por la corriente de Humboldt. Al quinto día el capitán nos dijo que nos acercábamos a una costa desconocida para él. Que habíamos extraviado el rumbo ya que aparte de la corriente, también estábamos siendo empujados por un temporal con vientos huracanados. En medio de la tempestad perdimos a uno de los hombres de la tripulación que trataba de asegurar la gavia al trinquete, con tan mala suerte, que fue golpeado por un bauprés, palo que engarza los foques en velas triangulares. Durante el temporal el *Narcissus* parecía un barquito de papel llevado por un remolino, un juguete de los vientos amurados que azotaban con una fuerza bestial. Tratamos de acercarnos a la costa, pero el oleaje nos echaba afuera, hacia el oeste. El velero subía y bajaba como si fuese un columpio. El oleaje pasaba por los imbornales de la cubierta de babor a estribor y tuvimos que agarrarnos a la vida, como fuese, para que los vientos no nos arrebataran.

A medianoche amainó el temporal y nos dirigimos con los motores auxiliares a una especie de ancón, protegido por bajíos de arena. Soltamos ancla cerca de una pared de manglares. Allí permanecimos tres días reparando los daños causados por el oleaje y los vientos.

"Este lugar no está muy lejos de la desembocadura de un río, de nombre Timbiquí", dijo uno de los marinos que conocía esa costa. Había muchas aves: pelícanos, guanayes y cormoranes, entre otras. Míster Enke maldecía en su idioma alemán por el terrible contratiempo. El capitán daba órdenes… a diestra y siniestra, renegaba en su idioma; estaba de pésimo mal humor; todos lo estábamos. Y no era para menos: el contratiempo del temporal no esperado, la pérdida de un tripulante y encontrarnos ahora en un lugar desconocido a merced de las inclemencias de la costa con millares de mosquitos que nos atacaban con voracidad… Creo que todos lo acompañamos en sus maldiciones y hasta yo mismo renegué en japonés: *Kuso… Kusssso…*, (maldición). Al escucharme, míster *Enke* me preguntó intrigado:

—¿Hablas Japonés?… ¿Dónde lo aprendiste?

—Hablo el japonés de los barcos pesqueros del Pacífico. El japonés de los cazadores de focas. ¡Sí… eso es!…. japonés marino, con olor a pescado –le respondí soltando una carcajada nerviosa debido al temor que me sobrecogía en ese momento.

—Suficiente para tu oficio, *grumete*. Yo aprendí mi español con los estibadores en los burdeles de los puertos, y el japonés con una familia japonesa en el Perú, nada menos que en el Callao –gritó para que yo pudiese oír, y desde ese día, cuando le servía sus alimentos, me hablaba en japonés.

110

El *Narcissus* era un velero de 60 pies de eslora que tenía ya sus años. Me di cuenta de eso por las capas de pintura que se podían ver en algunas partes del casco. Pero estaba muy bien conservado. El velamen, el mástil y las jarcias, firmes; todo muy nuevo, inclusive la madera del piso de cubierta y la del comedor y el castillo de proa. Todo lo de cobre lucía muy brillante porque día de por medio se brillaba. Los motores auxiliares muy potentes servían para los días sin viento, y para las entradas y salidas de las ensenadas. Su dueño anterior fue un millonario americano. Míster Enke lo adquirió en Vancouver, un puerto del Canadá, y lo fue acondicionando y reparando a lo largo de dos años.

Eso de buscar sirenas creí en un principio que era solamente un cuento, aunque sin saber exactamente por qué presentía que había algo siniestro en este viaje. Una tarde, cuando el sol se alejaba para alumbrar el otro lado del planeta, el capitán Brujeras mandó reunir a la tripulación en la cubierta. Apareció míster Enke con sendas botellas de whisky escocés, y ordenó a *Esmeril* que le trajera unos vasos. El dueño del velero sirvió un trago a cada hombre de la tripulación.

—Los he reunido aquí, para informarles que este es un viaje muy importante. Vamos en busca de las sirenas que viven en las Gorgonas. –Alzó su vaso y añadió con convicción y entusiasmo y con esa voz profunda de fumador de pipa y amigo de la botella–: Brindemos para pedirles a los dioses que nos lleven con suerte en esta aventura, porque no es fácil encontrarlas.

Entonces todos brindamos y gritamos:

—¡Por las sirenas… por las sirenas!

Míster Enke miraba entusiasmado a cada uno de los tripulantes, parados, allí, frente a él. Los miraba con esos ojos azules, color bandera. Ojos que resplandecían en su rostro quemado por la intemperie. Un rostro marcado con líneas profundas en la frente y adornado con una barba escasa, larga y dorada.

Alguien había comentado que el dueño del velero era oriundo de un puerto llamado Hamburgo, en Alemania y que pertenecía a una familia adinerada, dueña de una naviera oceánica de transportes internacionales. Míster Enke, en su juventud fue un oficial de la marina de su país. Quién sabe por qué motivo, pocos años después, apareció exilado en Chile. En Valparaíso tenía su residencia.

5
El güero Néstor

El velero quedó acondicionado para emprender el viaje hacia la Gorgona. Navegamos hacia el norte, no muy lejos de la costa, probando los motores, y al llegar la noche tiramos ancla en otro ancón, entre dos bajíos (bancos de arena). Al amanecer divisamos algunas casitas de pescadores, con techos oxidados de zinc. Uno de los marineros dijo que estábamos muy cerca de una isla llamada *Coco*. Exploramos la vecindad en una lanchita de juguete, y descubrimos que detrás de los bajíos empezaban algunos esteros de aguas tranquilas flanqueados por la vegetación marina de manglares.

Al mediodía por orden del contramaestre, el segundo de abordo y yo visitamos las casitas de pescadores. El oficial de nombre Manoleo, dijo ser oriundo de Portugal. Nos acercamos a una de las casas escondida entre las palmeras y construida en guadua con techito de zinc y paja, y allí encontramos a un hombre de raza negra sentado en una canoa al pie de una escalera, remendando lo que parecía un chinchorro.

El segundo de abordo, después de saludarlo y decirle que veníamos del velero anclado entre los bajíos, le preguntó si había escuchado alguna vez hablar de las sirenas que vivían en las rocas por allá en la Gorgona. El hombre del chinchorro dijo que él no sabía nada de sirenas y que sería mejor que habláramos con el *güero Néstor*, el único que las había visto. Su mujer y su hijo ya habían bajado de la casa para ver a los forasteros. Entonces mandó a su hijo a buscar al *güero*.

Pronto apareció la extraña figura de un hombre blanco, largo y en extremo flaco, tatuado por el sol con manchas de color café. Usaba un sombrero de paja viejo, descolorido y en su boca se balanceaba una cachimba. Me llamaron la atención sus ojos, porque tenían el color de la *aguamala (medusa)* y estaban circundados por pestañas blancas. Al verlo llegar, quedamos petrificados por un instante porque su aspecto nos causó una gran impresión. Hizo señas para que lo siguiéramos. Nos sentamos en un tronco caído de palma, semienterrado en la arena. Parado frente a nosotros, guardó silencio por unos minutos mirándonos sin decir una palabra; me di cuenta de que tenía sus años, por las arrugas profundas en su rostro y en sus manos. Cuando se rió, mostró solo un par de dientes. Después de estudiarnos de pies a cabeza y con voz aguda y gangosa nos dijo:

—Sí… sí…, las sirenas, sí… yo las he visto salir del mar y después perderse en la niebla. Sí… sí... ¡No sé cómo estoy aquí pa' contarlo, porque sepan ustedes que todo el que las ve desaparece! Sí... sí… dicen que las sirenas son crueles y se llevan a sus víctimas al fondo del mar, y ¡cómo no!..., allá las dejan tapadas con rocas enormes, para que nunca salgan a ver el sol.

Se arrodilló en la arena, juntó las manos y miró al cielo con los ojos cerrados, como implorando auxilio.

—Y ¿cómo te salvaste? –preguntó Manoleo, bastante intrigado.

—¡Ah!, sí… sí… por cobarde, porque me quedé atrás, muy atrás de los islotes, de las rocas, y cuando empezó la niebla bogué de regreso, y bogué y bogué… sin descanso hasta un peñasco de la isla grande y me escondí en una cueva hasta que se fue la niebla. –Hizo una pausa y continuó–: Sí… sí… mis pobres compañeros, los de las otras dos canoas nunca regresaron… Sí…sí. Allá se quedaron. –Se acercó con el sombrero en la mano y con voz consternada dijo–: Allá no se puede ir…es un lugar encantado, sí…sí… esas islas cuajaditas de culebras, corales, equis, mataganado, y otras venenosas, sí… sí… venenosas.

Manoleo le dio unas monedas y unos kilos de azúcar que trajo del velero para regalar. Nos despedimos prometiendo volver.

El cuento del *güero Néstor* fue comunicado al capitán, quién se burló y rió a carcajadas e hizo comentarios muy descomedidos acerca de la gente de los bajíos, comparando su mentalidad con la de criaturas que no habían llegado al uso de la razón.

Manoleo también comentó a los tripulantes durante la cena: "La gente que vive en esos promontorios de arena, lejos de la civilización, no tiene idea de lo que pasa en el mundo. Viven y mueren inocentes. El sol, el mar, los vientos, las lluvias, los frutos del mar y de las palmas…, sus mujeres y sus hijos... Esa es su vida. Una vida envidiable, quizás, o una vida por demás inconsecuente".

En la noche, vino el capitán a decirnos que míster Enke, quería fiesta. Entonces, se sacaron de la bodega los tamborines y el acordeón. Se organizó la proa y parte del aparejo se arrimó al castillo. Durante la noche tomamos vasitos de whisky puro y los marineros perdieron la timidez y cada uno cantó alguna canción de su terruño; incluso míster Enke y el capitán cantaron baladas en alemán, acompañados por el tamborín y el acordeón. El irlandés tocó el acordeón, y el marino de Polinesia el tamborín, los dos oficiales chilenos bailaron una cueca y cantaron una canción del mar. El dominicano y yo cantamos y bailamos algo parecido a los bailes del Caribe.

Esmeril preparó una gran cena de pargos cocinados en leche de coco, que habían comprado a los pescadores del bajío. Sentados en la cubierta bajo el resplandor de una media luna, pasamos la noche cantando y tomando el whisky que regaló míster Enke; dormimos hasta mediodía del día siguiente.

6
Rumbo a la Gorgona

Ansiosos, esperamos a que las tormentas desparecieran de mar y cielo para poder partir en busca de la exótica aventura de las sirenas encantadas. Por fin, una mañana después de dos días de espera, alzamos ancla a la madrugada y con los motores prendidos salimos hasta alta mar, rumbo a las islas Gorgona y Gorgonilla y al encuentro con las sirenas. El viento de sotavento empezó a soplar y entonces, se apagaron los motores y se izaron las velas; viramos hacia el Oeste llevados por un mar todavía agitado en un amanecer lleno de colores. No sabíamos lo que íbamos a encontrar en esas islas; yo había quedado impresionado con la leyenda de Néstor, el albino, y temía que nos pasara lo peor.

Hacia mediodía divisamos la Gorgona, una isla rocosa, bastante grande. Allí se había establecido una colonia de criminales; se decía que eran hombres terribles que pagaban años de condenas y destierro; desde ese lugar no podían escapar. El capitán nos advirtió que era prohibido desembarcar o acercarse a la Gorgona, por lo tanto navegamos alejados de las escarpadas rocas. En ciertas partes se veía una vegetación abundante, selvática.

Dimos la vuelta a la isla, que tenía una extensión de veintiséis kilómetros, según el capitán. Navegamos hasta la punta sur donde estaba un islote de nombre Gorgonilla. Con precaución nos acercamos a los escollos cubiertos con una vegetación espesa. Encontramos acantilados, algunos angostos y tenebrosos formados por rocas escarpadas, otras con filos amenazantes que caían a un mar fogoso de espuma. El retumbar de las olas que se estrellaban inmisericordes contra las rocas, hacía parecer ese lugar como algo que se debía respetar. No encontramos las sirenas.

Por la noche nos acercamos a la isla Gorgona en busca de un ancón donde pudiésemos anclar para pasar la noche. Encontramos una entrada de mar y más allá, algo como el ancón que buscábamos, una pequeña ensenada. Se bajaron las velas sobre las vergas y se tiró el ancla. El sueño llegó y dormimos a sobresaltos. El gemido de las criaturas del mar, el aletear de pájaros gigantes, graznidos de aves nocturnas nunca escuchadas que revoloteaban por los mástiles, nos tuvieron en vilo toda la noche. Quizá, pensé, esta es en verdad una isla encantada. No podíamos aventurarnos a tierra, porque el capitán nos advirtió de la infestación de culebras, y de prisioneros que deambulaban por la isla. El capitán dejó como centinelas a dos hombres armados con rifles, pendientes de cualquier movimiento alrededor del *Narcissus*.

El nombre Gorgona, explicó el capitán, fue dado a estas islas por aventureros españoles, al encontrar las islas invadidas por culebras. En la mitología griega figuran las serpientes con el nombre de Gorgonas, simbólicamente enredadas en las cabelleras de unas diosas.

A la siguiente mañana, salimos en busca de las sirenas. Navegamos hacia unos islotes que no habíamos visto el día anterior. La embarcación fue llevada por una extraña corriente que aparecía y desaparecía. Una formación de rocas, se divisaba como parte de los islotes. A distancia parecían mujeres recostadas en rocas sumergidas en una niebla espesa. De pronto, aparecían y luego desaparecían, exactamente como la corriente.

Míster Enke, emocionado gritaba a todo pulmón alzando los brazos que sostenían los anteojos de larga vista:

—¡Las encontré!...¡Las encontré!... ¡Las encontré!

Y como un niño, saltaba y bailaba emocionado con los brazos al aire.

El mar cambió de un momento a otro, ráfagas de viento encresparon la superficie del mar; un oleaje de huracán nos empujaba hacia las rocas que se iban cubriendo más y más de niebla. *El Narcissus* parecía una hoja llevada por el viento. El mar inundó la cubierta. Los gavieros bajaron las velas y se aflojaron más aun las jarcias móviles. Enseguida el capitán dio la orden que se prendieran los motores para emprender el retiro hacia la costa.

Las rocas se alejaron en medio de una niebla azulada. ¿Acaso fue un espejismo?

Con dificultad salimos de esa trampa inesperada. En un instante, las rocas y el islote desaparecieron como por encanto. Ya lejos del peligro, los marineros agarraron las drizas e izaron las velas. Unos delfines nos acompañaron hasta llegar a una ensenada de la costa. Llegamos empapados de agua salada por el recio oleaje que nos sorprendió y también muertos de miedo porque estuvimos en peligro de estrellarnos contra las rocas. Esa noche dormimos con un sueño profundo debido al cansancio. Noche silenciosa donde solamente se escuchó el tic-tac del corazón.

...A las seis de la mañana el velero emprendió otra vez el viaje a los islotes, en busca de las sirenas. Míster Enke estaba decidido a fotografiar las sirenas recostadas en las rocas, aprovechando el sol de la mañana. El mar mostraba un oleaje manejable y por casi tres horas navegó *El Narcissus* hacia las Gorgonas, y ya metidos en la corriente que circunda las islas, esta nos arrastró suavemente hacia los islotes. El capitán fue el primero que divisó las siluetas de las sirenas en las rocas e inmediatamente llamó a míster Enke. La mañana soleada se prestó para las fotografías.

El dueño del *Narcissus* tenía una cámara bastante grande con diferentes lentes, y tal parecía que él era experto en su manejo. La euforia del momento se apoderó de su ser, quería estar aun más cerca a las rocas, entonces le pidió al capitán Brujeras acercar el *Narcissus* un poco más a las supuestas sirenas. Sin embargo, no fue posible acercar la nave porque en segundos, el mar se agitó y la niebla empezó a cubrir las rocas con un manto espeso de humo azulado. El capitán dio la orden a la tripulación de virar de inmediato ante el peligro que se tornó implacable, como sucedió el día inmediatamente anterior. El velero navegó hacia la costa pero con rumbo sur-este, para emprender el camino de regreso al Ecuador.

"¡No hay que tentar la suerte!", explicó el contramaestre, con una voz de misterio.

Una y otra vez me pregunté y le pregunté a alguno de los marinos si de verdad eran sirenas, porque lo que vimos fueron siluetas o algo parecido a mujeres, pero no de carne y hueso, ni con cola de pescado. Sin embargo, míster Enke quedó contento con lo que vio, y dijo que el viaje a las Gorgonas había sido todo un éxito.

7

Las Ibaburas

...De regreso, el destino sería Guayaquil. El *Narcissus* navegó bordeando el litoral, pero alejado un tanto de los poblados de la costa. Navegando con buen viento no había mucho por hacer, pero de pronto se encontraron con dos *Ibaburas* que llevaban pasajeros y contrabando desde el Ecuador hacia los puertos de Colombia. Estas embarcaciones se parecían un poco a un sampán de la China, aunque más largas y menos anchas. Además tenían motor fuera de borda y un velamen de dos triángulos de lienzo que parecía no tener oficio alguno. Tenían una sola cabina con un techito de lona encerada. La cocina rudimentaria sobre latas para cocinar con carbón estaba situada en una esquina de la embarcación. Así podían navegar lejos de la costa y cuando era necesario, escabullirse del acecho de las lanchas patrulleras de los guardacostas. Estas *Ibaburas* que iban del Ecuador a Colombia, en ocasiones sorprendidas por los temporales marinos se veían obligadas a navegar cerca de la costa, donde eran atacadas por los *"pela-caras"*, bandas de delincuentes que los asaltaban sin misericordia y daban muerte a los canoeros y a los pasajeros. Se adueñaban de las *Ibaburas* y las llevaban a un lugar seguro del litoral para "preparar" con sevicia los cuerpos y luego tirarlos al mar, donde eran encontrados por los guardacostas. Esos cuerpos tenían las cabezas rapadas y los rostros sin piel. A los delincuentes se les llamó *Pelacaras*. Hubo muchos cuentos sobre estos seudo-piratas *pelacaras,* pero la realidad nunca se supo si de verdad existieron. Había gentes que decían que eran rumores inventados por las gentes de las patrullas del gobierno para terminar con el contrabando.

Guayaquil sería el final de esta aventura. Allí en la bahía desembarqué con el dominicano. Nos despedimos con un "hasta pronto" y cada cual cogió por su camino. Mi contrato en el *Narcissus* había llegado a su fin. *El velero* continuaría su destino hasta Valparaíso, en Chile, la ciudad y puerto donde tenía su residencia míster Enke.

Recordé que al final del viaje, alguien dijo en el velero que las fotografías de las sirenas nunca saldrían, porque todo fue solo una ilusión.

En Guayaquil solamente estuve unos días, mientras conseguía transporte para llegar hasta Esmeraldas con el fin de visitar a Jorge Peralta, el maestro de escuela que me enseñó a leer. Sabía que desde hacía unos años había dejado su profesión de maestro en Guayaquil cuando su hermana mayor lo llamó para que administrara una pequeña ferretería que le dejó su esposo al morir, la cual estaba situada por los lados del puerto.

* * *

En la búsqueda de su maestro, Salvador vivió una increíble aventura, precisamente cuando visitó el muelle temprano en la mañana.

SALVADOR, EL HOMBRE QUE AMABA EL MAR

8
La Niña Pola
Del cuaderno de Salvador

La vi llegar en una embarcación con motor fuera de borda: venía vestida como un ramillete de flores bajo un parasol colorado... Subió el muelle con sus zapatos blancos y un bolso igualmente blanco del color de la espuma. Ya, a mi lado, se detuvo. Me miró con sus ojos grandes del color del caramelo y preguntó si yo era Casiano, el motorista que iba a reemplazar a Timoteo. Volteó la cabeza en un gesto para mostrarme al hombrecito que amarraba la canoa a una argolla del muelle.

Le dije que yo no era Casiano, pero que sí podría reemplazarlo porque tenía experiencia con esta clase de embarcaciones y por el momento no tenía trabajo alguno. Dijo que esperaría a Casiano, el tipo que le mandó su tío Enrique. Si no aparecía, entonces hablaríamos nuevamente a la mañana siguiente. Ella estaría de regreso a eso de las siete, más o menos. La vi desaparecer en la esquina de una calle con su vestido floreado y sus zapatos blancos de plataforma. Enseguida me fui a hablar con el hombrecito de la cachucha negra, que se quedó al cuidado de la embarcación. Quería averiguar si tenía chance para la coloca.

* * *

Timoteo trabajó tres años largos para don José Arturo Medina en la región de Limones donde tenía su patrón una plantación de cacao. Él, Timoteo, era el motorista de la embarcación para toda clase de viajes de compras a Esmeraldas y para llevar a la Niña Pola adonde ella quisiera. Explicó que este era su último viaje porque iba a hacerse cargo de una finquita que le dejó su padre en el río Mataje. Salvador averiguó muchas cosas de la niña Pola, empezando por eso de "niña", porque ya no era ninguna muchachita. Timoteo dijo que todos la llamaban así, empezando por su padre. Ella, la Niña Pola, había llegado hacía unos dos años del interior del país donde estudiaba en un colegio de monjas. Vino con una hijita de meses solamente. Según dijo, el padre de su hija había muerto en un accidente de carro, pero la gente decía otras cosas. Lola, la amiga de don José Arturo, cuidaba a la hijita de la Niña Pola como si fuese su nieta. Timoteo nunca conoció a la esposa de su patrón ni a los dos hijos, hermanos de la Niña Pola; dijo que ambos estudiaban en la capital. Que la patroncita era la mano derecha de su padre para administrar la plantación, la venta del cacao y otros negocios que tenían en Limones.

* * *

Desde muy temprano en la mañana, esperé a la Niña Pola. Albergaba la esperanza de que tendría suerte y que gracias a su ayuda conseguiría esa coloca para trabajar para ella y para su padre aunque solo fuera por corto tiempo. Eso sería algo diferente.

En la espera, parado como una estaca en el muelle, miraba la esquina de la calle con la esperanza de verla aparecer en cualquier momento. Sentí un aleteo de gaviotas en mi corazón cuando la figurita floreada apareció en la esquina de la calle. Esta era la primera vez que sentía algo semejante.

Fui contratado, pero para dos viajes solamente. Si su padre congeniaba conmigo y demostraba ser una persona eficiente, tendría trabajo permanente. Nos embarcamos en ruta para Limones; Timoteo se encargó del motor. Durante la travesía que duró dos horas el motorista me indicó el camino. Debíamos navegar siempre paralelos a la costa hasta el bajío del palmar y una vez allí, buscar la entrada al estero y navegarlo por media hora más hasta llegar a la casona de la plantación de cacao. Lo primero que vi cuando arrimó la canoa a un rústico muelle, fue la impresionante edificación de una casa de madera de dos pisos pintada de blanco, amarillo y caoba, con amplios corredores y techo de zinc pintado de amarillo.

Me enamoré de la Niña Pola y para mi sorpresa, fui correspondido, pero en secreto, como me lo hizo saber ella en nuestro primer encuentro furtivo. En los viajes a Esmeraldas tuvimos la libertad de amarnos por días sin mañanas, refugiados en la pieza de una posada frente al mar. Descubrí que La Niña Pola era una mujer apasionada con ciertos instintos un poquito salvajes. Una mujer como nunca había conocido antes en mis visitas de marino a los puertos. Su cuerpo tenía una voluptuosidad y abandono que me mantuvieron siempre al borde del abismo del deseo. Con solo una mirada, yo corría tras ella en busca de sitios inverosímiles de la plantación y el estero; recónditos lugares donde la Niña Pola me llevaba y allá se inventaba toda clase de juegos para hacer el amor. Ella dejaba su ropa colgada en las ramas y se escondía en los manglares. Ansioso, la buscaba por todas partes y en esas búsquedas y encuentros, la consumación de los deseos reprimidos por instantes, nos llevaba a experimentar…, a crear escenas de amor nunca imaginadas. Quedábamos agotados de estas jornadas, y sin ánimo de movernos, pero solo por poco tiempo. Cubiertos de lodo los cuerpos, corríamos hasta un paraje solitario del estero para lavarnos uno al otro y empezar una y otra vez el ritual de sus locos juegos. El estero fue un testigo silencioso de ese amor secreto y apasionado que nos consumía. Avanzada la tarde regresábamos en una canoíta a la plantación, al lugar donde ella había dejado su caballo. Descubrí que La Niña Pola era una mujer insaciable. En las noches, me buscaba en la choza donde dormía, olvidando el peligro de ser descubierta por su padre, por Lola, la amiga de su padre o por la servidumbre.

No me pregunté nunca si ella me llegó a amar. No era importante saberlo, porque muy dentro de mí, sabía que no me quedaría en la plantación. La tierra firme no era mi mundo, y no deseaba estar atado a la vida que allí se me ofrecía. Mi amor estaba en otra parte.

Por seis meses viví en la plantación una vida a la que no estaba acostumbrado. La paga y la alimentación eran buenas, el trabajo de traer combustible y alimentos de otros pueblos por mar y esteros, entretenido. La hija de don José Arturo Medina llegó a ser mi amante y confidente. Yo le conté cosas de mis días de infancia, pero solo desde los ocho años, y de mi adolescencia. Le dije que nunca conocí a mis padres. Ella me preguntó por el amuleto que llevaba en mi cuello y le contesté que esos símbolos sin duda querían decir algo y que quizás gracias a ellos encontraría un día a mis progenitores. Ella me escuchaba interesada. En un papel hizo un dibujo de los dos signos del amuleto y prometió con cierta seriedad que me ayudaría a resolver todos los enigmas de mi vida. Me reí por lo que me pareció una ocurrencia absurda.

9

Comentario de El Timonel

Salvador pensó que tener a la Niña Pola como amante, llenaba una parte de su vida de hombre, y que cualquiera en su lugar estaría más que contento con tener esta relación amorosa y atrevida con la hija del patrón: una hermosa y apasionada joven, que amaba la aventura. Muy pronto descubrió la gran atracción que él ejercía sobre los sentidos de ella, pero entendía muy bien que nunca podría formar un hogar con la hija de don José Arturo. Sus amores clandestinos no tenían futuro. Su padre, su familia no lo permitirían nunca y él tampoco lo deseaba. Se amaban con ese amor de juventud, ambientado en ese rincón de una plantación perdida en un estero, donde la vida era una sola rutina y la soledad era insoportable. Esa desesperada pasión los sacaba a ambos de la inercia de los días que pasaban en ese rincón del mundo, sin dejar huella.

Sin embargo, a pesar del sensual encantamiento con la Niña Pola, a pesar del trabajo fácil…, Salvador le confió a Medrano que en su mente, día y noche, siempre estaba presente su otra vida, y la añoraba con una urgencia difícil de controlar. Veía los barcos en altamar. Sentía las olas, los vientos…, los misterios de la noche que se le iban revelando en secuencias hasta hacerlo sentir flotando en ese universo que solamente él conocía. En la plantación, cuando estaba solo, sin ella a su lado, se sentía perdido, encerrado en una jaula, alejado de ese mundo sin fronteras que tanto añoraba.

Cada mañana al despertar sabía que tenía que escapar lo antes posible, antes que su corazón estallara en mil pedazos. Tenía que escapar de la jaula donde lo tenía encerrado la Niña Pola con su concupiscencia. Él no sabía si era amor o solamente una pasión loca lo que sentía por ella. Necesitaba alejarse de ella y de la plantación, para saberlo.

Y se llegó ese día… Sin decir una palabra, decidió alejarse de ese presente. Aprovechó que lo mandaron a Esmeraldas en busca de pipas de gas, y alimentos. Tenía que regresar el mismo día, por eso la Niña Pola no lo acompañó. En las dos horas de navegación decidió que ese sería su último viaje a Esmeraldas. Se dijo: "Un hombre tiene que buscar su norte y no quedarse resignado a un destino que no le conviene".

En el muelle del almacén de ferretería, dejó amarrada la canoa de motor para que se la entregaran a don José Arturo, su patrón. Le dejó una nota, diciéndole los motivos por los que dejaba el empleo. Fútiles excusas sin sentido alguno. Ese mismo día viajó a Guayaquil.

Después de encontrar dónde vivir se fue a los muelles del puerto en busca de trabajo y consiguió uno temporal de despachador, mientras esperaba ser enganchado en alguno de los barcos cargueros que llegaban al puerto.

CUARTA PARTE

Aventuras en Asia

1
El Fujiyama
Relato de Salvador sobre su aventura asiática

Conseguí engancharme como marinero en un barco de carga japonés llamado *Fujiyama*. El viejo barco, un *tramp steamer,* partió del puerto de Guayaquil, en el Ecuador, y su destino sería Oxaka, en Japón, y Hong Kong, en la China. Su cargamento para Asia consistía en rieles de hierro de carrilera para trenes, que trajo un barco de Venezuela para el *Fujiyama*. Un cargamento mayor, consistía en láminas de estaño, provenientes de Bolivia y madera, del Ecuador.

La tripulación se componía de: oficiales de máquinas, oficiales de cubierta, marineros y un jefe de cocina con su ayudante, y por supuesto, el capitán y el contramaestre. La tripulación era en su mayoría filipinos de origen chino; los oficiales, incluyendo al capitán, de origen japonés. Luego avisté que también había unos pocos tripulantes como yo, de diferentes países.

En seis meses el *Fujiyama* hizo tres viajes a puertos de México y de América del sur. En su último viaje atracó en

Buenaventura, Guayaquil, el Callao y Valparaíso, y a su regreso llevó madera aserrada de los bosques colombianos y ecuatorianos.

Averigüé que el Fujiyama tenía una quilla enorme por el tamaño del barco y había estado en reparaciones por un año entero en un astillero japonés, acondicionándolo para viajes oceánicos. Había sido pintado de gris hacía años, porque el óxido lo había tatuado por todas partes dándole el aspecto de esos barcos abandonados en lugares donde se vendía el hierro por su peso. Desde la escotilla de proa, pasando por la cubierta, me di cuenta de que el pobre barco lucía viejo y cansado. Observé que los camarotes estaban bastantes deteriorados. Los baños con letrinas de madera y las paredes llenas de dibujos de toda clase y color, escritos en diferentes idiomas, insultando al capitán y contramaestre en japonés. Este fue el barco más viejo y descuidado en el que trabajé durante mis años de mar. ¿Y qué decir de la alimentación? Muy deficiente: la mayoría de los días se comía pescado, arroz, y arroz y pescado. Sin embargo, la paga era buena.

Los oficiales también me parecieron bastante extraños: hombres de pocas palabras, pendencieros y bruscos, sobre todo cuando ingerían *sake,* un licor hecho de arroz, mientras tiraban los dados y apostaban lo que tenían y no tenían. Observé al capitán por varios días, un hombre huraño en extremo, que daba órdenes en japonés acompañadas de golpes secos a un gong colgado de su cinturón, como si fuese la espada de un samurái. Sus pasos marciales, como anuncio de batalla, se oían retumbar en el piso de hierro de la cubierta y en las escaleras metálicas de la embarcación.

Fue fácil acomodarme a la rutina del barco. El japonés aprendido en los barcos pesqueros me ayudó a entender a los oficiales muy parcos de palabras. De *Singa* había aprendido a estudiar la condición humana de mis compañeros de navegación con los que tenía que convivir a diario. Ese consejo me ha servido más de lo que él viejo chino pudo imaginar. Aprendí a moverme entre ellos y a evitarlos cuando se mostraban pendencieros.

En los ratos de descanso buscaba un rincón para sentarme donde pudiera pasar inadvertido. El trabajo en las entrañas del barco no era fácil. A veces, era desesperante escuchar por horas y horas el ruido de las bielas durante mi turno.

Allí, en ese rincón, podía soñar con las estrellas y recordar mi aventura pasional con la Niña Pola. Ella venía a mi memoria vestida como un ramo de flores, llevando una cartera y zapatos blancos de tacones. Así la vi llegar en ese día, y esa imagen es una constante en mi memoria. Ante su recuerdo, el corazón se me agitaba y ¡de qué manera! El deseo pasional se apoderaba de mis sentidos y volvía a recorrer con ella todos esos encuentros pasados. Sus tentaciones de niña-mujer se apoderaban de mí con cierto sadismo. Fantasmas que me dejaban extenuado por horas. Pero poco a poco fui aprendiendo a exorcizarla…

El refugio de los libros ocupaba mi mente por largos espacios de tiempo. No importaba cuántas veces los leyera, los nuevos libros que adquirí en Guayaquil: *Moby Dick, El Corazón de las Tinieblas, Los cazadores de Cabezas* y otros que ya tenía. En esas páginas iba conociendo aún más la condición humana, y lo complejo de los personajes que integran la historia en diferentes escenarios.

En este viaje cruzamos el océano Pacífico con destino a Oxaka (en Japón), para descargar los rieles de hierro y madera. Cinco días después partimos para Macao y Kowloon, en Hong Kong. Macao quedaba a pocas millas de Hong Kong. Una ciudad que fue durante un tiempo colonia portuguesa. Me pareció una ciudad muy tranquila, y escuché de los marineros que Macao en el litoral en realidad era un retacito de Portugal que los aventureros portugueses, emulando al veneciano Marco Polo, olvidaron en China. Lo predominante de Macao eran sus famosos casinos de juegos en unos muy ornamentados palacios y visitados a diario por jugadores de Hong Kong en busca de la esquiva suerte. Allí no eran bienvenidos los marineros.

Dos días después de entregar un cargamento en Macao zarpamos para Kowloon, una península pegada a Hong Kong. Habíamos tenido que esperar por un permiso para poder atracar en el muelle designado al *Fujiyama*. Mientras se descargaba y se cargaba la nave nos quedaríamos quince días. Este era el tiempo para reparaciones, limpieza y arreglos en general del barco. Teníamos dos días libres por semana para recorrer a Kowloon y Hong-Kong.

2
Apuesta en el sampán

Hice parte de un grupo de tres tripulantes resueltos a buscar aventura donde fuera. Caminamos hasta un lugar donde estaban amontonados los sampanes. Un barrio lacustre de embarcaciones donde vive y muere una humanidad que solamente tiene lo mínimo para sobrevivir. Allí hay de todo: negocios oscuros, barcas de juego, de prostitución, de crimen; flotando todas estas barcas en medio de hogares para muchas familias chinas.

Mis compañeros del barco buscaban un sampán grande, de nombre *"Cicamoto"* anclado al final de la rada, donde se jugaba a los dados con un chino famoso por sus apuestas. El sampán estaba camuflado y lejos de la presencia de las autoridades. Al acercarnos vi que un grupo de chinos bulliciosos, recostados a un bajo muro de piedra, al lado y lado de una escalerita de tres peldaños, hacían coro a los jugadores en el sampán.

Encima de un cajón de madera, a modo de mesa, había unos dados y un tarrito de latón; un anciano de barba blanca, vestido con kimono, nos saludó con cortesía y nos invitó a sentarnos en pequeños bancos frente al cajón. El alumbrado consistía en dos lámparas de petróleo colgadas de unas cuerdas amarradas a palos clavados desde la orilla hasta el mástil del sampán, alumbrando directamente encima del cajón.

Primero jugaron los tres oficiales japoneses y cuando ya habíamos consumido bastante licor, el anciano me invitó a jugar con él y otro chino que esperaba turno. No me di cuenta a qué horas se fueron los oficiales. Jugamos a los dados y gané algunas tiradas, otras las perdí. Mientras tanto el licor que consumí pronto hizo efecto y sentí como si estuviese navegando en una chalupa. Seguimos jugando hasta que perdí todo el dinero que tenía, entonces traté de levantarme pero los pies me pesaban una eternidad.

El chino de barbas blancas, dueño del sampán, trajo una bebida que dijo era té y que me limpiaría la cabeza. La tomé con recelo y por un momento sentí que, efectivamente, se aclaraba mi cabeza. Veía los enjutos rostros de cada uno de los chinos aplaudiendo las jugadas desde el murito de cemento. Seguimos jugando hasta que llegamos a la última tirada de los dados. Perdí, y les dije que no tenía dinero, pero que jugaría un costoso reloj, que era lo más preciado para mí. No…, el anciano no quería ningún reloj… Con voz meliflua me dijo mostrando una sonrisita de dientes grises, que a él le gustaría apostar la puntita del dedo meñique de mi mano. Creí que era una broma, pero no, el chino hablaba en serio. Pensé que podía ganar y acepté. Estaba seguro de que ganaría… pero no fue así. El ritual del trofeo ganado en la apuesta por el anciano no lo sentí esa noche, sino al día siguiente.

Recuerdo, muy vagamente, que alguien trajo un pañuelo y vendaron mis ojos. Otro, agarró mi mano izquierda y la llevó al borde del cajón. Alguien separó el meñique, y el resto de los dedos los sostuvo apretando debajo del cajón. Los chinos de la orilla guardaron silencio… Un silencio que yo percibí, en mi mente inundada por el licor, como parte de un sueño. De pronto, sentí algo así como la ráfaga de un rayo… un golpe seco. Una algarabía de gritos con expresiones excitadas de los chinos apostados en la orilla me sacó por un instante de mi letargo. Sentí que algo frío coronó la punta del dedo y luego lo amarraron. Me quitaron la venda de los ojos, y me desvanecí.

3
Camino al hospital

Al amanecer, me despertó un terrible dolor de la mano. Miré a mi alrededor y me percaté de que en la superficie del cajón estaban todavía los dados, que mostraban un cuatro y un cinco, testigos de la pérdida de una parte de mi cuerpo. Recordé, como se recuerda en un sueño, lo que había pasado. Pero no, no era un sueño porque me di cuenta de que encima del cajón estaba un frasquito, y dentro algo parecido a la punta del meñique con su uña. El anciano dejó como olvidados el trofeo y los dados..., ¿por qué?, me pregunté, pero no encontré repuesta alguna. Seguí mirando en busca de alguna persona, pero nadie había en el sampán ni tampoco en el murito contiguo al muelle. Yo seguía sentado en las tablas de la embarcación, y entonces como pude me levanté y pasé el tablado del puentecito y salí a la calle. No me llevé el dedo, ya no era mío. Caminé un buen trecho hasta encontrar un *coleé* con su carrito de dos ruedas. Le mostré el dedo con su venda ensangrentada y sin ningún asombro de su parte supo lo que tenía que hacer. Me llevó al hospital.

Le pagué con lo único que tenía, el reloj que el viejo chino no quiso aceptar. Las monjas me recibieron y me llevaron a la enfermería donde un médico joven se hizo cargo de curarme; no era yo el primer caso y por lo visto tenía toda la experiencia necesaria para evitarles a los jugadores de dedos las infecciones. Le pedí a una de las hermanas mandar un recado al mayordomo del *Fujiyama*, puesto que necesitaba dinero para poder salir del hospital; pagar los servicios y el transporte de mi regreso al muelle adonde el barco estaba anclado.

Después de apostar por primera vez parte de mi cuerpo, creí que nunca lo haría otra vez, pero vinieron otras veces.... ¿Quién puede con la debilidad humana?

* * *

Salvador solía mostrar sus extremidades con cierta tristeza que no podía disimular y luego explicaba:

Aquí pueden ver las apuestas que perdí. La debilidad del jugador es tal que sería capaz de apostar su única vida, porque siempre piensa que va a ganar. En los barcos, navegábamos por esos mares sin fronteras; los marinos somos hombres extraños, con una vida y profesión sin raíces. En ciertos días, en ciertas noches, los juegos de azar eran parte del entretenimiento, y día por día, se fueron convirtiendo en algo cada vez más riesgoso y espeluznante. ¡Dejamos de ser humanos!

Las historias personales, quizás algunas inventadas por los tripulantes, también eran parte del entretenimiento. No puedo asegurar si eran ciertas o imaginadas. Lo cierto es que cada uno de nosotros sabía que con esos relatos adquiría respeto y sobre todo, una identidad tan necesaria en ese espacio donde no había amigos, ni familia, ni nada que nos identificara, como pasa en tierra firme. En las ocasiones en que jugábamos dinero y pertenencias, aunque restaran algunas por jugar, siempre quedábamos endeudados. Y cuando no había ya nada más para apostar… apostábamos lo que creíamos que no nos hacía mucha falta (Salvador mostraba sus dedos). El jugador es optimista, siempre piensa que va a ganar.

Somos capitanes de nuestras vidas y de nuestras decisiones. Llevamos este barco de la vida navegando al cielo o al infierno.

Me di cuenta desde muy temprano que la vida de marino en los barcos nunca era completa. Mientras estábamos ocupados físicamente en esa isla flotante, todo andaba bien. Pero en las horas de ocio nuestra mente añoraba los puertos; queríamos cambiar cielo y mar por tierra firme. Y de nuevo, ya en el puerto, solamente pensamos en regresar al barco. ¡Extraña paradoja!

A veces mi mente deambulaba por los misterios de aquel universo que me enseñó *Singa*, y en esas noches de luna, sentado en la cubierta, en medio de la nada,… me preguntaba, ¿por qué estoy aquí? No conocía otras vidas, pero una tristeza muy grande invadía mi ser. En la mañana, sin embargo, volvía a salir el sol y la vida se renovaba.

Miraba el mar, el cielo… todos esos astros y me preguntaba: ¿por qué están allí? ¡Todo un misterio!

* * *

Salvador hizo otros dos viajes en el *Fujiyama*, uno de ellos a Osaka en Japón y otro a Taiwán. Viajes nada memorables, según él.

En Taipéi se enganchó en un carguero filipino de nombre *Mindanao* como ayudante de máquinas. El barco zarpó de Taiwán con rumbo a *Shanwei* llevando un circo ruso. De allí seguiría por el mar de la China rumbo al puerto de *Vigan* en las Filipinas. En ese país de islas se quedó por un tiempo, un poco más de un año, enredado en una relación amorosa. Pero finalmente decidió que era ya hora de volver a las Américas. En el puerto de Manila logró engancharse en un barco de bandera canadiense que zarpaba para Vancouver, pero arrimaría a dejar pasajeros en una de las islas de Hawái. En ese barco encontró Salvador a un singular personaje con una muy peculiar historia. En su cuaderno lo tituló *El secreto de Uchida*. Ese era uno de sus cuentos de aventuras favoritos y el que más le pedían los isleños que contara.

4
Una pausa en las Filipinas

Un año, tres meses y catorce días fue el tiempo suficiente para calmar mi deseo de residencia en tierra firme. El mar me hacía guiños, me llamaba y no me dejaba dormir. Me sentía como esos tigres enjaulados del circo. Quería ser libre otra vez…, estar donde mis ojos solamente encontraran cielo y mar y horizontes lejanos, y en las noches perderme en el infinito de ese cielo tapizado de estrellas y sentirme en paz con mi alma.

Las decisiones nunca fueron mi fuerte. Tenía que pensarlas mucho por días y días hasta que al final me sentía acorralado y me tiraba al abismo pasara lo que pasara. ¡Tenía que ser así! Salí corriendo del lado de Rosaura, mi amiga filipina, sin decirle adiós, sin llevar pertenencias, solamente los papeles necesarios para embarcarme. Partí para Manila donde estaba el gran puerto, con barcos de toda clase y tamaño, con banderas de países de varios continentes. No sería difícil engancharme en uno que partiera para las Américas. Averigüé y solo dos zarparían con ese destino. En el carguero canadiense *Halifax*, necesitaban un ayudante en la sala de las máquinas para reemplazar a un hombre que no apareció en

Singapur a la hora de partir. Esto pasaba con frecuencia con los marineros, y siempre había otros listos a reemplazarlos. Por mi experiencia con las máquinas conseguí ser su reemplazo en este barco grande que lucía en buenas condiciones y tenía una hilera de grúas en la cubierta.

El primer oficial de máquinas era un fornido hombre americano, que hablaba tres idiomas, entre ellos un castellano enredado. Cuando me vio por primera vez se quedó mirándome como si quisiera ver más allá de mi alma, y entonces moviendo la cabeza, dijo: "¡No te encuentro *pañe*… no te encuentro!"

No entendí qué quería decime con esto. Y lo de *pañe*, por lo panameño.

Gracias al Dios de *Singa* no me dejaron mucho tiempo en las entrañas del barco. Me necesitaron para atender a dos ancianos filipinos, que estaban delicados de salud por los movimientos del barco. Olvidé decir que este barco tenía doce camarotes para llevar pasajeros. Algunos de los pasajeros filipinos viajaban al Canadá y otros de nacionalidad china iban a las islas de Hawái.

A uno de los pasajeros chinos, de nombre Uchida, lo percibí como una persona misteriosa; me pareció un hombre que cargaba con una mochila de secretos. Lo veía siempre arrimado a la baranda de proa mirando el mar con una atención nada común.

Una noche lo encontré sentado en mi rinconcito de proa, cerca al hueco del ancla. Me di cuenta de que tomaba té de un jarroncito chino. Me senté a su lado y después de un largo silencio me preguntó de dónde era y cuánto tiempo andaba embarcado. Preguntó por mi familia. Mi respuesta fue lacónica porque yo estaba más interesado en saber quién diablos era él.

—Y usted señor Uchida, ¿viaja solo al Canadá? –le pregunté curioso.

El chino puso el jarroncito en el piso de la cubierta y mirando la noche dijo con una voz muy triste: "Hace tiempo que ando solo, muy solo, porque estoy metido en la irrealidad de una hoja de revista, que no sé hasta dónde me va a llevar. Cuando los hombres como tú y yo vagamos solos por el mundo en busca de algo, que al final no sabemos ni lo que es, nos convertimos en parias".

Por lo que a mí atañe, yo no andaba en busca de nada, pero no quería discutirlo. Después de todo, lo de *paria* quizá lo fuera. Lo escuché en silencio y para sacarlo de esa irrealidad de una hoja de revista, algo incomprensible para mí, le dije:

—Su nombre no es chino, me suena a japonés…, si no me equivoco.

—Correcto; mis ancestros oriundos de Japón emigraron a Manchuria. Llegó la violencia en esos tiempos de las guerras de los *Lord* y nuevamente tuvieron que emigrar, pero esta vez al mismísimo centro de la tierra, a la región de *Urungi and Sulik* para escapar de la violencia. El padre de mi padre era algo así como un soñador y amigo de aventuras.

La noche siguiente, después de mi turno, acudí presuroso al rincón en la proa del barco, cerca al hueco donde estaban las cadenas con su ancla. Ya Uchida estaba esperándome para contarme su gran secreto que sabía que yo estaba ansioso por conocer.

5
El secreto de Uchida
Relato de Salvador

Uchida nació en *Urungi*, una región de la China poco conocida porque queda a unos 2.645 kilómetros del mar más cercano. Es el lugar situado más lejos del mar en toda la geografía del mundo. Salir de un sitio tan remoto era más que imposible y, sin embargo, Uchida se había jurado desde niño conocer el mar de sus sueños; no importaba si en alcanzar ese deseo se le fuera toda una vida.

El mar de sus sueños lo encontró un día cuando apenas tenía once años y caminaba al lado de su padre en dirección a su casa después de un día de trabajo. De pronto los sorprendió una ventisca inesperada arrastrando las hojas coloradas del otoño y con ellas apareció un papel que se quedó enredado en los pies de Uchida. Lo cogió, y cuando vio la impresión de un paisaje que le pareció irreal, lo dobló y lo guardó en el bolsillo de su chaqueta, sin que su padre se diera cuenta.

Una vez en su casa, sentado en un *futón* de su cuarto, lo miró con gran curiosidad y esta vez, con detenimiento. Se dio cuenta de que era una estampa similar a las que su maestro les había mostrado en una clase al hablarles acerca de la existencia del mar y de los océanos. Absorto y fascinado ante la belleza de colores de la imagen que mostraba el papel, vio por primera vez un mar azul del mismísimo color de un cielo de agosto. Allí, en ese paisaje, se veían unas palmas diseminadas en una franja de arena gris y aves volando en un cielo tan azul como la seda del pañuelo celeste de su madre.

Desde ese día sacaba la hoja de la revista para mirarla solamente cuando estaba solo. Ese era su gran secreto. En las noches, antes de dormir, se imaginaba toda clase de aventuras, metiéndose en esas aguas misteriosas y corriendo descalzo en la franja de arena persiguiendo a las aves marinas. En la soledad de su entorno Uchida juró una y otra vez buscar ese paisaje de mar un día no muy lejano y con ese gran deseo creció hasta los diecisiete años, cuando pensó que ya era tiempo de hacer realidad su sueño.

El gran dilema de dejar a su familia e irse sin decir nada a nadie, lo contuvo durante meses. Su decisión de irse secretamente le llevó tiempo porque debió estudiar el movimiento de las caravanas que salían de su pueblo llevando alfombras de los telares y toda clase de telas de artículos de lana que fabricaban las gentes de su región para entregar en pueblos que quedaban a muchas leguas de distancia.

Con ese propósito empezó a frecuentar y observar el movimiento de los arrieros preparando las carretas para ser enganchadas a las mulas y yeguas con el fin de llevar allí la carga de los telares. Averiguó que los arrieros caminaban durante el viaje por tortuosos caminos de montañas y toda clase de terrenos llevando las bestias hasta los pueblos, y

148

que allí, dejaban a los cansados animales y enganchaban bestias frescas para continuar el arduo camino.

El día escogido, se vistió con la ropa descuidada que usaban los arrieros, se presentó al jefe de una de las caravanas y le preguntó si había un trabajo para llevar carga. Con suerte consiguió el trabajo en una caravana que salía al día siguiente en la madrugada. Esa noche no durmió. A la madrugada, Uchida con su mochila, estaba ya en el patio donde en fila se encontraban las bestias y arrieros listos para partir. Él era otro arriero más que no sabía ni a dónde iba, ni tenía idea del horror de la vida de los arrieros. El camino largo y sin descanso lo desesperó. En las noches con los pies molidos solamente pensaba en dormir y descansar arrimado a cualquier rincón de la abrupta naturaleza.

En la primera parada, llegaron a un pueblo para entregar carga y cambiar de bestias. Ya no podía más. Al llegar al segundo pueblo el jefe se dio cuenta de su miseria y le dijo que no lo necesitaba más. Desconsolado, se fue al templo de Buda y le pidió con toda su alma que le diera mejor suerte a su cuerpo, a sus piernas, para resistir los arduos caminos y no desfallecer. Sus pies estarían en mejor estado para seguir. Además él había observado a los otros arrieros que se protegían los pies envolviéndolos con largas bandas de lana de oveja.

Pero ser arriero, sería solo una de las muchas experiencias dolorosas que le tocaría afrontar a Uchida para cumplir su sueño. De caravana en caravana y otras tantas vicisitudes, le tomaría cinco años llegar a un mar que no era el mismo que mostraba el paisaje de sus sueños.

En esos cinco años Uchida había caminado por montañas inhóspitas, ríos turbulentos, desfiladeros, desiertos, ciénagas y por una muralla que pasaba inmutable por increíbles latitudes. Conoció a gentes de su país que vestían y hablaban diferente de las gentes de su región.

Llegó a la edad de treinta años trabajando en toda clase de oficios en pueblos costaneros de la China. Su último trabajo fue en un pueblo cercano al mar en los jardines de un chino con bienes de fortuna. Para esa época de su existencia ya había aprendido la lengua oficial, el mandarín, así como otros dialectos. Su vida, desde que salió de Urungi, fue un constante aprendizaje para poder sobrevivir.

En su trabajo de jardinero conoció a unos filipinos que siempre hablaban de las islas de su país. Uchida se sintió intrigado por conocer esas islas. Para llegar a las Filipinas tendría que abordar un barco. Ya sus compañeros lo habían instruido acerca del viaje y de cómo llegar hasta una isla donde vivían sus familiares, quienes podrían ayudarle a conseguir trabajo.

Ese viaje a Filipinas fue su primera aventura marina en un barco que iba navegando por alta mar, lejos de la costas. La inmensidad del mar lo tuvo durante todo el viaje plantado en la proa en una contemplación y meditación que le quitó el hambre y el sueño. No sabía cómo describir su emoción.

En el barco conoció a un pasajero dueño de una casa de alojamientos en una de las islas; Uchida le comentó que lo primero que haría al llegar a una de las islas sería buscar un oficio de jardinero para poder vivir. El pasajero le dijo que si se quedaba en Mindanao, él podía ayudarlo.

150

Uchida se quedó tres años trabajando con este señor filipino, quien le ayudó a conseguir papeles. En la isla de *Mindanao* conoció gentes de otra cultura, con diferente idioma y costumbres. Hablaban mandarín, inglés y español. Uchida aprendió el español filipino con los compañeros de trabajo.

Después de pensarlo por semanas, Uchida le mostró al dueño de la posada la hoja de la revista que ahora tenía enmarcada y protegida con vidrio. Aunque había perdido su frescura, todavía se podían apreciar los colores y adivinar el resto del paisaje. El señor Juliano, su patrón, lo llevó a una pared donde estaba un mapa del mundo y le dijo que ese paisaje lo encontraría en las islas de Hawái, y le señaló dónde quedaban las islas.

En Mindanao, Uchida abordó el barco que lo llevaría a Hawái.

Al llegar la última noche en el *Halifax*, porque en la mañana llegaríamos a Honolulu, mis deseos de despedirme de Uchida eran apremiantes. Lo busqué en la proa del barco pero no estaba allí. Lo encontré en la popa, de pie, arrimado a la escotilla escudriñando el mar. Una figura solitaria, fantasmal, aunque había una media luna esa noche. En la estela que iba dejando *el Halifax* se reflejaban visos plateados de la luna haciendo el mar aun más misterioso… No había sino una brisa ligera y se podía escuchar el ruido de los motores, el oleaje golpeando el casco, y el mugir de las ballenas y delfines.

Esa noche Uchida me dijo que quizá se quedaría una semana en la isla o hasta que consiguiera un barco que lo regresara a cualquier puerto de la China y luego emprendería el regreso a Urungi, en busca de lo que quedaba de su familia.

Estaba seguro de que en alguna isla de Hawái por fin encontraría ese paisaje de papel que le enredó la vida. Le hubiera gustado vivir para siempre metido en ese paisaje de mar, pero no, él sentía la necesidad de regresar al terruño que lo vio nacer. Sus cenizas debían reposar al lado de sus antepasados.

Le pregunté si creía que había valido la pena todo ese peregrinaje en busca de un paisaje ilusorio, y suspirando comentó:

El hombre tiene que buscar su destino sea el que sea. No dejarse atrapar por el miedo a lo desconocido, por las circunstancias en que nació, por la lejanía del centro de la tierra, como en mi caso, porque si no lo hubiese intentado, hoy sería un hombre frustrado, lamentándome allá en mi interior de lo que pudo ser y no fue, de lo injusto de mi destino... La saga empezó en Urungi con ese gran deseo de encontrar ese paisaje de la hoja de revista que se enredó a mis pies cuando yo era un niño todavía. En esta búsqueda se me fue casi una vida, porque ya estoy vislumbrando los sesenta. Yo también me he preguntado algunas veces, si valió la pena todo este peregrinaje. Mis respuestas han sido diferentes, como es de suponer. Las primeras, fueron apasionadas porque ese paisaje brillaba más aún con mis años de juventud; después, se volvieron filosóficas porque me decía: un hombre tiene que tener un propósito en la vida; el mundo está allí a su alcance, abierto a todos los deseos de los seres humanos que lo habitan. Y últimamente me dije: Uchida, no seas tonto, esta búsqueda fue una gran idea o excusa quizá, para viajar y conocer mundos. Ha sido arduo el camino, pero el hombre tiene que buscar su destino y mi destino estaba unido a ese paisaje marino.

Al arribo a los muelles de Honolulu perdí de vista a Uchida cuando con otros pasajeros salió del barco llevando su gastado maletín de cuadros. Siguió su camino, erguido como una estaca, sin mirar una sola vez al *Halifax*. Pensé que para Uchida tenía que ser así: no volver ese rostro de piedra para mirar lo que dejo atrás, sino seguir y seguir para poder sobrevivir. Pensé que quizás Uchida y yo teníamos vidas paralelas: él en busca de un ilusorio paisaje, yo en busca de una vida ilusoria.

6
El *Bolívar III*
Salvador cuenta otra de sus aventuras

En Panamá conseguí trabajo en un carguero que iba rumbo a Chile. El cargamento consistía en tambores de hierro llenos de crudo, asegurados con gruesas manilas a las argollas del piso; la mayoría, en la cubierta, y otros tantos, en las bodegas de la barriga del barco. Observé que también transportábamos maquinaria agrícola y un cargamento de papel que se dejaría en el Callao.

El *Bolívar III,* aunque de propiedad de una compañía naviera venezolana, tenía bandera de Liberia, como muchos barcos que cruzan los mares de los océanos.

Mi enganche se debió a que uno de los marineros no estuvo presente a la hora de zarpar y yo, disponible por esos tiempos, lo reemplacé, aunque el contramaestre no estaba seguro de mi experiencia marina.

"Si no sirves, y eres como un pasajero indeseable, te dejamos en los manglares de cualquier banco de arena", dijo el contramaestre, mirándome con esos ojos saltones de anfibio y su peculiar voz de anunciador de circo. Supe después que nadie quería a este hombre, oriundo de la Guayana Francesa, descendiente de turcos.

***

¿Qué hacía Salvador en Panamá? Después de haber terminado su enganche con el Fujiyama se quedó en Panamá. Allí tenía una amiga que él visitaba cuando se quedaba en espera de otro enganche. Simoneta era dueña de un pequeño restaurante de comidas típicas que Salvador frecuentaba en sus estadías en el istmo por quedar muy cerca de los muelles. Pronto se estableció entre ellos una relación muy liberal; sin compromisos, sin responsabilidades, cimentada solamente en el deseo de estar juntos. Y así se mantuvo por muchos años.

***

El *Bolívar III* era un coloso del mar, y por lo tanto, de una gran estabilidad porque no se movía ni con el oleaje tremendo de las tempestades marinas en alta mar. Los tambores llenos de crudo y petróleo eran un peligro constante durante las tempestades, porque los pararrayos, unos pocos y algo primitivos, no eran suficientes para la enormidad de ese barco.

En la primera horrísona tempestad, el capitán dio la orden de que todos los tripulantes estuviesen en la cubierta atentos a la suerte de los tambores. Las amarras que los aseguraban podían soltarse y los tambores caer al mar. Esa noche los vientos aullaban trayendo cortinas de agua que se veían alumbradas por el intermitente relampaguear, semejando llamaradas que se cruzaban encima de los tambores. El oleaje, en una danza huracanada, pasaba de un lado a otro haciendo rozar los tambores unos contra otros produciendo un ruido espeluznante que se confundía con los truenos cercanos.

Después de esas infernales tempestades venía una calma absoluta, el mar lucía tan quieto como un lago. La vida en alta mar, una vez más, se encargaría de reparar los estragos dejados y volvería a su rutina de siempre.

7
Míster Foley

En este viaje, encontré entre los tripulantes a un irlandés que hablaba español y portugués. Poco a poco lo fui conociendo y aunque él me llevaba unos años, nos hicimos buenos amigos. Decir *"buenos amigos"* en el ambiente de un barco: es hablar de experiencias mientras se fuma, es saludarse con una señal un tanto rebuscada, prestarse libros o cualquier otra pertenencia, como los anteojos de larga vista y cosas no muy personales. Sin olvidar que nuestras pertenencias en los barcos son menos que mínimas.

Nuestra amistad empezó por el amuleto que llevaba al cuello. Míster Foley, se quedó mirándolo y me preguntó: "¿De dónde diablos has sacado ese dije?". Le expliqué lo que siempre dije a la gente que me hacía esa pregunta: "Ha estado conmigo desde mi niñez, según entiendo".

—Tiene grabados celtas –dijo, y luego me preguntó–: ¿Sabes algo de la simbología celta?

—¿Celta? –Le respondí–. Y eso, ¿qué significa?

—Después te explico quiénes eran los celtas –me respondió–. Por ahora, te digo que esas figuras entrelazadas, la primera de las tres espirales, significa: *tierra, agua y cielo*. La otra, en forma de caracol, no estoy muy seguro. Tengo que recordarla.

Me di cuenta de que míster Foley, el irlandés, acompañaba el final de cada frase con un, *"You know"* en inglés, que quería decir: "usted sabe", según él me lo explicó. Debido a esa manera de hablar, en el barco lo apodaron *"Youknow"*. Yo lo llamé siempre míster Foley como era el protocolo con los oficiales.

La vida en el *Bolívar III* fue bastante monótona y juré nunca volver a embarcarme en otro carguero de esa clase. La velocidad del barco era lenta, navegábamos a paso de tortuga. Para matar el tiempo, no sé cuántas veces leí el libro de los viajes de Hércules, que me prestó el Irlandés. No sé cuántas otras escuché las recetas de camarones del cocinero de New Orleáns. No sé cuántas veces escuché los lamentos de los oficiales de máquinas, que se quejaban del calor asfixiante en esa especie de cueva en la que les tocaba realizar su trabajo. Esa labor en las entrañas del barco, yo bien la conocía. El contramaestre me ordenó reemplazar durante varios días a uno de los ayudantes que enfermó de fiebres. Yo también estaba enfermo de un mal llamado *desesperación*.

Cuando terminaba mi turno me iba a cubierta en busca de aire y allí me encontraba a míster Foley haciendo guardia en cubierta. Le pedí a mi nuevo amigo contarme sus aventuras de marino y cómo fue su comienzo de *hombre de mar*. Estaba intrigado por conocer esa primera aventura que le llevó, desde su país natal, Irlanda, al continente africano. Una aventura que él mencionó alguna vez.

Según míster Foley, tenía doce años cuando logró esconderse en la bodega de un barco de bandera portuguesa anclado no muy lejos de los muelles del puerto de Tramore, su ciudad natal. No le importaba adónde lo llevaría. Para él eso no importaba, quería huir del hogar donde un padre alcohólico lo maltrataba con sevicia.

El barco zarpó un día después y navegó por otro día hasta otro puerto donde ancló para recoger carga. Zarpó otra vez y navegó por cuatro días. A la bodega entraron los estibadores a llevar carga. Escuchó que hablaban en portugués y decidió salir de su escondite, aparentando que llevaba carga, aunque se sentía muy débil. Pasó el puente sin problema y después de dejar la carga se perdió entre la gente de los muelles. Supo entonces que estaba en Portugal. Esperó el movimiento de las grúas y los estibadores organizando la carga en los muelles, para escabullirse sin ser detectado. Muerto de hambre y pálido del susto, con la ropa hecha una miseria caminó por las calles cerca del mar. Se acercó a las barcas pescadoras que llegaban de mar afuera y allí se quedó para pasar sus años de adolescente con los pescadores locales de Porto, una ciudad del norte de Portugal, haciendo toda clase de oficios y aprendiendo el idioma. Se enamoró del mar y decidió ser marino y conocer el mundo. Esa sería su profesión.

Años después, logró engancharse en barcos de poco calado que hacían viajes desde Portugal a la costa de la colonia portuguesa de Guinea Bissau en el África. Aprendió en esos años lo que más pudo del oficio de marino y al fin, pudo conseguir a sus veinte años el trabajo de maquinista en un barco liberiano que viajaba por la costa africana de Camerún y Gabón. En otro viaje hizo de segundo oficial en un barco que iba hasta Angola. Y, finalmente, encontró lo que le pareció su mejor trabajo como timonel en un pequeño barco que hacía cabotaje por poblaciones costaneras desde Angola hasta la entrada del río Congo.

A los 30 años de su vida, ya había aprendido todo lo que se puede aprender en los barcos y entonces, seguro de sus conocimientos y experiencias, se atrevió a presentarse como oficial en compañías portuarias en busca de un mejor trabajo. Consiguió ser enganchado como segundo de a bordo en *El Albión*, un barco propiedad de una compañía basada en Palermo, Italia. *El Albión* navegaba por el río Congo solamente trayendo carga hasta un lugar antes del estuario de la desembocadura. En ese viaje navegaría río arriba hasta una población llamada Yumbi. Llevaban poca carga, pero a su regreso transportarían una carga muy especial que recogerían en el campamento de una compañía marítima holandesa.

El viaje por el río Congo fue una de sus peores experiencias de marino, empezando porque nunca había trabajado en barcos que navegaran por ríos. Contaba el irlandés que el capitán era un francés de Marsella, adicto a la nicotina y al vino. La mayor parte del tiempo estaba borracho y era además, cruel y vengativo. En los villorrios en los que se detenían por capricho del capitán, éste iba hasta las casuchas de las tribus nativas y escogía negritas aún niñas y con engaños las llevaba al barco, y allí hacía lo que quería con ellas. Luego las tiraba desnudas al río y daba la orden de subir ancla y prender los motores. En una ocasión el irlandés se dio cuenta de que el capitán ordenó a dos ayudantes negros que llevasen a un pasajero de una misión con base en Kinshasa a la casucha de un brujo curandero y lo dejasen allí para que lo curaran. El pobre hombre estaba enfermo con fiebres altas. Seguramente malaria.

A medida que remontaban el río, la navegación se tornaba más dificultosa por los bancos de arena y lo troncos y materiales que arrastraban las crecientes. Se adentraron más y más en medio de una selva insana; el río se hacía más y más angosto. En varias ocasiones arrimaron el barco a los destartalados muelles del río. El capitán, con el pretexto de visitar las supuestas compañías, se perdía en esos villorrios por días y noches enteras entretenido en quién sabe qué festejos y rituales extraños hasta que los tripulantes negros que lo acompañaban lo traían de regreso en una litera en condiciones lamentables. En esas ocasiones, Harry quedaba encargado del barco.

En el último villorrio, no lejos de Yumbi, anclaron a media noche en una entrada del río. Al poco tiempo llegó un cargamento muy pesado, según pudo observar el irlandés cuando lo depositaron en el barco y lo cubricron con hojas grandes de una palma que se daba a orillas del río. Esa misma noche partieron de regreso llevados por una corriente favorable. No se detuvieron en ninguna parte. El cargamento fue entregado a un barco con bandera de Liberia que esperaba no muy lejos de la desembocadura del Congo.

Hasta aquí lo que escuché del relato de Harry Foley.

8
Barco fantasma

En otra noche muy oscura, estábamos arrimados con otros dos tripulantes a las manilas que sostienen los tambores por el lado de estribor; soplaba un viento suave de lado de barlovento; el *Bolívar III* navegaba en un mar tranquilo bajo un cielo con pocas estrellas y una luna de segundo día de creciente, una luna que apenas si trataba de salir tímida detrás de un manchón de nubes que la tenía atrapada. Me separé del grupo para acercarme a tres oficiales, incluyendo el oficial Foley. Escuchaban muy atentos al segundo oficial de nombre Michel, contando una historia de un poeta del mar, autor de *El cementerio marino*. Al parecer ese poeta sufrió una crisis romántica conocida como *La noche de Génova* porque ocurrió en ese puerto. Según parece, el poeta se había enamorado perdidamente de una mujer catalana que pasó junto a él. Nunca se atrevió a abordarla aunque la vio varias veces. Según sus críticos, la suya no fue una pasión humana, ni divina, sino mística. Una pasión que tuvo secuestrado su corazón por un tiempo. Se obsesionó con esa mujer y hasta enfermó por ella. Y lo peor, ella nunca se percató de nada.

En ese momento, cuando Foley hablaba de ese amor obsesivo, vio a lo lejos las luces de un barco, que parecía navegar de sur a norte. Emocionado gritó: *"¡Barco a la vista!"*.

Los oficiales lo siguieron observando con interés por un tiempo porque les pareció muy extraño que aquel barco pareciera acercarse a veces al *Bolívar III,* y otras, alejarse. El oficial Foley fue a informarle al capitán sobre el sospechoso barco. Este y el contramaestre ya lo habían visto, y lo estaban siguiendo con curiosidad desde el castillo de proa. El capitán comentó que no parecía un barco de estos tiempos por la cantidad de luces colgantes y la ausencia de movimiento humano en la cubierta. La estela de oleaje que dejaba el barco era mínima y un extraño silencio parecía circundarlo.

Desde cualquier sitio se podía seguir la trayectoria del extraño barco y nos llamó la atención que siendo que el *Bolívar III* navegaba de norte a sur, el otro barco parecía que iba de sur a norte y siempre estaba a la misma distancia paralelo al *Bolívar III*. El contramaestre lo observó por unos momentos con su poderoso catalejo y dijo que su marinería no se mostraba en cubierta, y así se lo comunicó al capitán. Toda la tripulación se dedicó a seguir la trayectoria de ese barco con gran curiosidad.

Uno de los dos oficiales de máquinas de nombre Gumersindo, oriundo de la Guaira en Venezuela, pidió hablar con el contramaestre, con el fin de informarle que ese era un barco fantasma; que él lo había visto en otra ocasión por esas mismas aguas.

Otro oficial también había escuchado algo semejante y nos dijo: "Creo que es el mismo barco fantasma que muchos

163

marineros han visto por estas aguas en determinada fecha; seguro nos acompañará hasta la media noche. Los navegantes de los barcos que han pasado muy cerca dicen que este barco fantasma se parece al *Valdivia* que naufragó con cientos de personas en una travesía de Chile a San Francisco. Nunca fue encontrado; eso ocurrió allá por los años treinta".

A las doce de la noche, se escuchó el pito quejumbroso del barco fantasma que se fue perdiendo en la inmensidad del mar y en los misterios del universo. A todos se nos calaron los huesos.

Gumer, el oficial de máquinas que nos alertó sobre el barco fantasma, desapareció esa noche. Los marineros dijeron que se lo había llevado el barco fantasma. Yo pensé que se había caído al mar. Dos días después lo encontraron en uno de los botes salvavidas. Había muerto de infarto. Lo tiraron al mar metido en un saco, amarrado encima de la cabeza y con bastante peso en los pies, para que se fuese al fondo.

* * *

Las más variadas y extrañas historias se oyen en las noches de vigilia en los barcos que navegan los océanos. Una de esas noches, alguien contó la trágica vida de Gumer que murió de infarto la noche del barco fantasma. Una historia por demás singular y triste. Cuando murió, el maquinista había cumplido cincuenta años, y veinte de ellos los había pasado navegando por los mares del Caribe y por el océano Pacífico. Su profesión de maquinista la aprendió en alguna escuela técnica de su país. Trabajó por diez años en una compañía petrolera de Barquisimeto. Allá formó un hogar con una bella mujer que le dio dos hijas. Fue un tiempo feliz. Ganaba bien y había amor en su matrimonio. ¿Qué más podía desear? Pero en una noche aciaga se derribó su vida. Cuando llegó a su casa de sorpresa, después de un viaje adelantado por un día, encontró la casa revuelta y a su mujer y sus hijas muertas a puñaladas en una pieza que sirvía de alcoba de huéspedes. Por supuesto, las autoridades lo investigaron a él como sospechoso. Durante un año entero estuvo preso, esperando que se resolviera su caso. Buscó detectives privados pagados con el dinero de la venta de su casa. Todo fue en vano. Finalmente, no pudieron condenarlo porque no hubo pruebas suficientes para culparlo.

Gumer sospechaba de un ex novio de su Manuela de nombre Erik quien sufría de esquizofrenia. Siempre creyó que tuvo que ver con el crimen, pero no tenía pruebas para acusarlo.

Después de salir en libertad, Gumersindo volvió a su vida marinera y se embarcó como maquinista de barco en busca de un olvido elusivo. Llevaba seis años en el *Bolívar III* cuando lo sorprendió la muerte.

A las dos de la mañana llegó el relevo de guardia y me fui a dormir, pensando en Gumersindo. Pobre hombre, quién se hubiese imaginado la carga tan terrible que llevaba a cuestas en su frágil humanidad.

Yo siempre lo observé taciturno, pensativo y de pocas palabras; untado de aceite, sudoroso... quizá el ruido de las máquinas acalló por un tiempo su dolor.

El resto de esa noche aciaga, pensé en la Niña Pola y en nuestra aventura amorosa. Recordé lo que ella me dijo al despedirse: "te *dejo mi alma para que la guardes hasta que nos volvamos a ver*". ¿Qué sería de ella? Me hacía falta su mirada picaresca. No la había olvidado del todo; en noches como esa, cuando sentía la inescrutable soledad del inmenso mar, su recuerdo era una compañía. Pensé que su presencia siempre estaría conmigo, hasta que un día ya no fuera más que una ilusión.

9
El *North-Wind*
Salvador cuenta su enganche en un velero

En Valparaíso, en los muelles del puerto chileno, yo era el séptimo en una fila de nueve hombres buscando ser enganchados en un velero con el nombre de *North-Wind*.

Todos allí, en el muelle de la marina, sabían que en los veleros pagan muy bien porque los dueños generalmente son hombres adinerados. Aquel era un hermoso velero de líneas muy clásicas. Necesitaban dos hombres con experiencia marina. Como siempre lo hice en similares circunstancias, agarré el amuleto que llevaba en el cuello y repetí una y otra vez en mi interior el mantra: *"Necesito que me ayudes"*. Y tal como otras veces, conseguí ser enganchado.

La tripulación se componía de nueve hombres incluyendo al capitán Brunnera y al contramaestre míster Wilson. Antes de partir se embarcó el propietario de la nave, míster Williams con su esposa Mary, ambos de piel muy blanca, cabellos rubios y con unos ojos del color del mar. Llevaban también a su gato siamés de nombre Norman y cuatro valijas.

Partimos una mañana rumbo al norte, no muy alejados de las costas de Suramérica. Una corriente y un viento favorable nos llevaban como en una alfombra mágica por ese mar del océano Pacífico en busca quién sabe qué aventura. Nadie sabía nada. No serían sirenas, esta vez, de eso estaba seguro. El dueño del velero no era tipo de andar en busca de mitos. Míster William tenía el porte de un hombre que conoce el mar y los secretos de los vientos marinos. De mediana estatura, musculado y con cuello de boxeador, se movía en el velero dando órdenes, seguidas con una explicación concisa, si era necesario, a la manera de un militar.

Miss Mary siempre andaba con un libro, sus gafas de sol y las de leer colgadas del cuello con una cinta verde. Era la única mujer en ese grupo de hombres. Pasaba las mañanas en la cubierta espiando el mar con un catalejo, en busca de las ballenas que emigran a las aguas tropicales para procrear, o de los delfines que siguen a las embarcaciones y a los que ella fotografiaba con gran entusiasmo.

De la tripulación, fuera del capitán y del contramaestre, solo tres hombres hablábamos español, incluyendo al cocinero dominicano Julián y un chileno. Los otros: un irlandés, dos ingleses y un americano de California, hablaban solamente en su idioma. Míster William también hablaba algo de español, pero enredado. Yo era el único que no hablaba inglés, aunque lo entendía un poco.

A los pocos días de navegación, el capitán dio la orden de virar hacia el este y acercarnos a la costa del Perú. Durante dos días estuvimos muy cerca de Paita. De allá trajeron varias cajas y luego zarpamos otra vez hacia el norte con destino a Centroamérica.

Pasamos muy cerca de las islas Galápagos. Conocía ya esos mares por mis enganches en los barcos pesqueros japoneses. La ruta seguida por la corriente nos llevó a las costas de Colombia. Nos acercamos al litoral de Colombia buscando Bahía Solano. Allí, en un pueblo de la bahía, míster Williams conocía a un paisano que lo visitó en el velero. En la bahía había una pequeña base de las fuerzas navales de Colombia.

Zarpamos una mañana muy temprano rumbo norte con las velas hinchadas por el viento favorable que nos arrastró no muy lejos de la costa. Pasamos frente a las serranías del Baudó y el Darién en el Chocó hasta llegar a las aguas del istmo de Panamá y el archipiélago de las Perlas. Parajes vírgenes con una vegetación salvaje de manglares.

En San Miguel nos detuvimos por dos días. Recordé a Tera, la doncella indígena de mi primera aventura amorosa cuando yo apenas estaba saliendo de mi adolescencia. Ella me brindó un amor simple e inocente como su vida de tribu. Quizá llegó a pensar que nuestra unión sería permanente, pero yo ya estaba adicto a esa vida errabunda de los hombres de mar. ¿Qué sería de ella? ¿La volvería a ver nuevamente algún día?

El velero arrimó a Punta Arenas en la bahía de Nicoya, en Costa Rica. Un carro esperaba a míster Williams y a su esposa para ser llevados a San José, la capital. Nadie sabía el motivo de esa visita de tres días. A su regreso trajeron una *cacatúa* en una jaula. Norman, el gato, iba a tener distracción.

Esta vez nos alejamos de la costa navegando siempre hacia el norte, y aprovechando los vientos. Era grandioso sentir y ver el velero surcar esos mares a una velocidad de no sé cuántos nudos. El timonel y la tripulación experta se encargaban de las funciones del barco, para complacencia de míster Williams y el capitán, que de pie en el puente celebraron la hazaña del *North Wind*.

10
Rumbo a San Diego

Dos noches después, según nos comunicó el contramaestre, estábamos frente a la ensenada de Guerrero, en México. El *North Wind* timoneó con un desvío lento hacia el este buscando la costa Mexicana hasta encontrar la marina de yates y veleros en la ensenada de Guerrero. Pero no entramos a la ensenada sino que seguimos al norte usando los motores. Pasamos frente a las playas de Acapulco, en busca de una pequeña ensenada de nombre Coyuca de Benítez, donde había pocas embarcaciones y un muelle rudimentario. No muy lejos del muelle el barco paró los motores, y tiró las anclas.

Los esposos Williams pasaron dos noches fuera del velero y a la tercera noche llegaron acompañados de cuatro personas, que al igual que ellos parecían extranjeros. En otra lancha llegaron tres músicos mexicanos con sus guitarras, vestidos con ropa muy llamativa y sombreros inmensos. La tripulación fue enviada a sus camarotes y solamente Julián el cocinero, David, el americano y yo, quedamos en la cubierta para ayudar. Esa noche se armó la gran fiesta; comieron y bailaron hasta la madrugada, y cuando se despidieron a eso de la una de la mañana, hombres y mujeres estaban alicorados. En la mañana del día siguiente apareció un bote y dejó a un personaje rubio y barbudo, que hablaba alemán con el capitán. Su nombre según escuché era Klaus. Pensé que debía ser un alemán al igual que míster Williams, pero disfrazado de americano. Ese hombre viajaría en el *North Wind* hasta California. Su próximo destino, San Diego.

Levamos anclas y navegamos hacia el oeste hasta encontrar la corriente y luego seguimos hacia el norte, no muy lejos de las pocas ensenadas en la península de Baja California. El mar estaba picado debido al mal tiempo que agitaba el oleaje y esto nos tuvo ocupados hasta llegar a San Diego. A la entrada a la bahía el capitán dio la orden de anclar frente a una enorme edificación, el Hotel Coronado. Desde el velero se veía como un grandioso monumento blanco. Recuerdo el nombre porque alguien lo mencionó, diciendo que de coronado no tenía nada. A bordo siempre se criticaba con prejuicio todo lo de tierra firme.

El capitán y el pasajero alemán fueron los primeros en dejar el velero; después lo hizo miss Mary acompañada del cocinero y otro tripulante; iban camino a la ciudad de San Diego para compras de mercado.

Siguimos luego la ruta del misterio; lo extraño era que nadie de la tripulación sabía si seguiríamos hacia el norte. Alguien comentó que tal vez iríamos a las islas de Hawái.

Una semana después, el capitán dio la orden de regresar a México, costeando la península de Baja California hasta llegar a determinada ensenada. El tiempo estaba sereno, los vientos habían amainado, el velero navegaba lento, por lo cual solo a la tercera noche, a eso de las once más o menos, llegamos a la bahía de nombre Sebastián. El sitio donde el oficial de navegación dio la orden de echar el ancla parecía un lugar despoblado y desolado, porque no se veía sino arena. Ninguna casa y apenas una que otra embarcación. Esto podíamos observarlo gracias a la media luna que alumbraba desde el firmamento.

11
Extraño suceso

Según el oficial de navegación, allí fondearíamos por muy poco tiempo y esa misma noche seguiríamos ruta al sur. Todos los tripulantes estábamos a la expectativa de algún suceso, que intuíamos iba a ocurrir en cualquier instante. Y sí, la espera no fue larga. En determinado momento, escuchamos el motor de una pequeña lancha que se acercaba al velero con dos hombres a bordo. Uno de ellos, vestido con una especie de uniforme blanco, cachucha y gafas oscuras, subió la escalerilla. Lo esperaban en la cubierta míster Williams y el capitán. Creímos que era un médico misterioso por aquello de las gafas de sol.

Tal parecía que míster William esperaba a ese hombre solamente, porque cuando el de blanco subió a la cubierta, el motorista de la lancha partió inmediatamente. Me di cuenta de que no trajo equipaje ninguno. El capitán y el pasajero se dirigieron a su cabina.

En minutos, el capitán dio la orden de levar anclas y navegar primero con los motores hacia el suroeste hasta mar afuera, a unas doscientas millas de la costa, y luego, virar hacia el sur e izar las velas.

La tripulación empezó a hacerse preguntas acerca del personaje que llegó al velero con uniforme blanco y sin equipaje. Lo apodaron, *el Incógnito*.

Al día siguiente, notamos que el pasajero vestía ropa de míster Williams; le quedaban un poco grandes la camisa y los pantalones. Observé que no se quitaba las gafas ni siquiera cuando el sol se había ocultado y que ahora usaba una cachucha diferente. Caminaba por la cubierta prendiéndose de las barras, de las jarcias y de lo que encontrara en su camino, para no caerse. Observé que no estaba acostumbrado al mar, quizás era la primera vez que se embarcaba en un velero. Me di cuenta también de que fue a vomitar por la borda; tenía el estómago revuelto por el movimiento de la goleta.

Al escuchar su acento cuando habló con el capitán, tuve la impresión de que este hombre era un paisano panameño o colombiano.

Pronto empezaron a circular más rumores; según uno de los tripulantes, *el Incógnito* debía ser un prisionero muy importante, fugado de algún hospital de la base naval en San Diego con la ropa del médico que lo atendía. Según otro, que el barbudo alemán que se bajó en San Diego fue quizás el contacto con míster Williams para recogerlo en Baja California. Se conjeturaba que había en juego una gran suma de dinero en dólares para llevar al prófugo de regreso a su destino. Pero nadie se atrevía a asegurar en qué momento y dónde, desembarcaría. ¡Conjeturas solamente! Rumores de la tripulación.

El capitán dio la orden, esta vez, de dirigir el *North Wind*, hacia el sureste, pero todavía alejados de la costa hasta encontrar la isla de Malpelo, frente a Colombia. Durante esos días poco se vio al *Incógnito* porque según miss Mary, el pobre estaba muy enfermo, sufriendo de náuseas.

A veinte millas de la isla de Malpelo, viramos hacia aguas colombianas hasta estar frente a la bahía de Cupica. El velero siguió ruta hacia el sur, costeando paralelo a la serranía del Baudó, famosa por lo inhóspito del terreno, según dijo uno de los tripulantes y donde llueve sin descanso trescientos días al año. Observé que la serranía se hundía a trechos en el mar. En otras partes de la serranía, había un sinnúmero de acantilados donde tenían su hábitat miles de aves marinas.

Mientras tanto, la tripulación estaba intrigada porque el pasajero no se volvió a ver en cubierta. Un grumete contó que *el incógnito* estaba enfermo debido al movimiento de la goleta.

El capitán nos iba informando, desde la caseta del piloto, los nombres de los sitios que encontrábamos en el litoral: Punta Nabugá, Bahía El Fondeadero, Punta El Faro, Bahía Solano, ensenadas Tribugá… Esa era una región inhóspita de la costa con acantilados y algunas rocas que en la parte superior estaban cubiertas por una vegetación espesa, y la baja, por manglares enanos. No había playas, pero sí muchas aves.

El capitán explicó también que debido a la humedad de la región la habitaban cantidades de reptiles, y que los negros que vivían junto a grupos indígenas a la orilla de los ríos, habían emigrado de las minas del sur del país de

Colombia y eran descendientes de los esclavos traídos del África.

Yo conocía Bahía Solano y el Golfo Tribugá. Recuerdo esa costa porque era uno de los sitios favoritos de los pesqueros japoneses, por la abundancia de peces que son atraídos por los nutrientes que arrastran las corrientes.

12
Río San Juan

El North-Wind seguía su curso y su destino, desconocido para los tripulantes. Entramos a la rada de un canal donde encontramos una población llamada El Choncho en la desembocadura de un caudaloso río, el San Juan. Nos alejamos de los bancos de arena y de las corrientes encontradas de mar y río. El capitán buscaba Punta España, que según su mapa de navegación, quedaba en la otra esquina de la boca del San Juan.

Entramos por el delta del río con los motores a todo poder en busca de la desembocadura de un afluente del San Juan llamado río Bongo. En su curso encontraríamos una población de nombre Coquita. Navegamos río arriba contra la corriente por casi dos días. *El incógnito* salió de su escondite. Y luego, que corría de babor a estribor escudriñando las riberas del río con unos poderosos anteojos de larga vista. Lo vimos discutiendo con el capitán y al parecer míster Williams medió en la discusión. Entonces, el capitán dio la orden de anclar frente a lo que quedaba de un viejo muelle de concreto derruido. Más allá, la selva se veía impenetrable.

La manigua no dejaba ver nada. Sin embargo, esa noche no nos quedamos allí. El *North-Wind,* prendió un motor auxiliar solamente y nos fuimos en busca de un remanso bastante hondo en una pequeña ensenada del río; un lugar solitario y misterioso. La noche se acercaba y nos fuimos todos al refugio de las literas, con una curiosidad tremenda a la espera del nuevo amanecer.

El calor y los mosquitos, más la cercanía a la manigua no fueron impedimento para dormir. Teníamos mosquiteros en las cabinas y soplaba una brisa acogedora que venía del océano, sin duda no muy lejos de allí. Por la mañana el sol y el graznido de pájaros invisibles nos despertaron de un sueño profundo.

Esa mañana, por orden del capitán, salimos tres de los tripulantes en una lanchita de un solo motor a explorar lo que hubiese más allá del muelle. Con machetes nos abrimos paso por la manigua y ya, a una buena distancia del muelle, encontramos los espeluznantes vestigios de una edificación cubierta por una vegetación salvaje. Subimos como pudimos por lo que había sido una escalera de concreto de unos cinco peldaños y con machetes cortamos la maraña de bejucos que ocultaban algo parecido a una puerta. La edificación lucía como casa de fantasmas invadida por fuera y por dentro por toda clase de bejucos, lianas, enredaderas desconocidas, telarañas y comején.

El campamento estaba parado en pilotes de concreto a la manera de una barraca y a un metro de altura, más o menos. Para sorpresa nuestra, allí encontramos hamacas en jirones colgando de las vigas de las paredes y un techo oxidado y roto de hojas de zinc. En los rincones equipos de minería en un desorden terrible. "¿Cuánto tiempo llevará abandonada?", me pregunté en voz alta. Nadie contestó.

Salimos por un claro, porque la puerta no existía. El piso se extendía de lo que fue una vez corredores a una plataforma con las barandas caídas y… ¡Horror de los horrores!... entre la maleza había unos postes a manera de cruces, y colgando de estos, esqueletos amarrados con sogas y entrelazados con las enredaderas en formas patéticas y extravagantes. Conté doce postes. Había en este lugar un silencio extraño, sobrenatural como si de pronto todos los esqueletos se fueran a adueñar de nuestros cuerpos.

Nos despedimos del lugar en una carrera desaforada. Corrimos como alma que lleva el diablo hacia el muelle de peldaños colapsados que se perdían en el río. Nos embarcamos en el *dinghy* y a todo motor regresamos al velero, muertos de miedo. Le informamos a míster Williams y al capitán sobre el macabro descubrimiento.

Esa noche tuve una pesadilla en la que veía hombres negros colgados de unos garfios, como reses de consumo en las carnicerías... y aves de rapiña sacándoles los ojos a esos rostros sin vida y otras aves devorando las partes internas de sus cuerpos. Las aves, negras también, se disputaban las presas en una terrible pelea y algarabía semejante a una orgía macabra.

Al día siguiente muy de mañana regresamos, acompañados por míster William y miss Mary. Ella llevó su cámara de fotografía, sin duda para tomar pruebas de la visita a esos lugares. Esta vez, descubrimos otro campamento que salía de la manigua como la quilla de un barco. En este campamento encontramos camas rústicas de guadua y algunos esqueletos que colgaban de las vigas que sostenían un techo que casi ya no existía. Un perro, es decir el esqueleto de un perro muy grande al pie de algo que parecía un lavadero. Había muchos murciélagos colgados de las vigas y una culebra enorme enrollada encima de una pila de cuerdas en un rincón del campamento.

Fuimos otra vez al lugar de los postes y otra vez sentimos la terrible ansiedad del silencio mortal y la sensación de que esos esqueletos querían apoderarse de los vivos. Escuché el tic-tic de la cámara tomando fotografías y a míster Williams que aterrado repetía:

—¡Spooky, Spooky! –(espeluznante), y añadía–: ¡Let's go, Mary, no more photos! This place makes me sick. (No más fotos Mary, este sitio me enferma).

Al llegar a la orilla del río nos percatamos de la ausencia del *dinghy*.

—¡Maldición! –exclamamos.

Caminamos por una trocha que hicimos hasta el remanso donde se suponía estaría el velero.

—¡Maldición! –gritábamos al unísono.

También el *North-Wind* había desaparecido. El pánico se apoderó de todos nosotros. Míster Williams maldecía a diestra y siniestra culpando a un tal Mendoza que se llevó el velero. Miss Mary lloraba con una desesperación fácil de entender; maldecía al prófugo y le deseaba toda clase de malos augurios. Por un tiempo la desesperación nos cobijó a todos. Ofuscadas nuestras mentes no sabíamos qué hacer. El miedo se había apoderado de todos nosotros. Pensé que nunca saldríamos con vida de allí. El oficial de puente que formaba parte del grupo comentó que nunca volveríamos a ver el *North-Wind*.

Haciendo trochas con los machetes caminamos con gran dificultad por la orilla del río buscando algún estuario y esto nos tomó mucho tiempo. Esa noche dormimos a la orilla del río, con un terrible miedo de reptiles. Creo que no dormí, sentí picazón en mi cuerpo, porque había hormigas por todas partes. Al segundo día después de caminar por horas, encontramos la desembocadura del Bongo, pero no encontramos el *North-Wind*.

En un lugar había palmas de cocos, tomamos el agua y comimos la pulpa. Allí pasamos dos días y noches miserables. Entonces decidimos regresar al muelle de los campamentos, donde el río era más angosto y quizás encontraríamos a Coquita, la población que buscábamos. Tal vez el velero estaría allí, quizás habían regresado… según comunicó el capitán.

Cansados de luchar contra la manigua para abrirnos paso, con hambre, picados de las hormigas y zancudos, llegamos al muelle derruido y nos sentamos en la escalera a esperar y descansar de la horrible caminata de regreso, porque también nos perdimos de la trocha que limpiamos con los machetes. Nos dimos cuenta a tiempo que nos estábamos alejando del río.

Pasaron varias canoas río abajo y río arriba, pero nadie se acercó. Al tercer día vimos una canoa con dos hombres bogando que subía por el centro del río. Gritamos desesperadamente, pero dio la impresión de que no oyeron. Al contrario pareció que aligeraron la boga, como si trataran de alejarse de un peligro inminente. Gracias a miss Mary que tenía un pito colgado del cuello, de los que se usan en los juegos de pelota, en estos momentos de angustia lo usó desesperadamente para llamar la atención de los bogas de la canoa.

13
Rescate

La canoa y sus dos ocupantes al vernos se acercaron sigilosamente y desde lejitos preguntaron qué queríamos. La canoa llevaba una carga de plátanos y piñas para vender en la Coquita. Míster William les preguntó si vieron el barco de tres mástiles que seguramente iba hacia la desembocadura del río. No sabían nada, no lo habían visto. Uno de los bogas explicó que los ribereños ya estaban avisados de la presencia de gentes extrañas por los campamentos y pensaron que los asesinos estaban de vuelta, por eso no se acercaron al muelle.

Después de contarles a los bogas negros lo que nos había pasado, míster Williams les dijo que lo único que teníamos para pagarles, si nos llevaban al otro lado del río, eran los relojes y una cadena de miss Mary.

Ya tranquilos y cambiando la actitud de miedo que mostraban sus ojos, accedieron a pasarnos al otro lado del río. Dejaron la carga a un lado del muelle y nos acomodaron a todos cinco en la canoa y nos llevaron a la otra orilla del río. Según ellos, de allí podríamos caminar por tres horas río arriba hasta encontrar un poblado. También nos dijeron que había camino sin peligro alguno de perderse. Nos regalaron panela y plátano cocido para comer. Desde que dejamos las palmas padecimos de hambre.

En la Coquita nos informaron sobre el velero: este había naufragado más allá de las turbulentas aguas de los bancos del río San Juan en la desembocadura. Parece que los ocupantes no se salvaron o quizás estuvieran por los estuarios. Nadie sabía nada. Miss Mary lloró por Norman, su gato. También nos informaron sobre los campamentos y los macabros restos humanos que encontramos; esos fueron campamentos piratas de la minería del oro que sacaban del río. Dos capataces ayudados por tres compinches sin ningún deseo de repartirse el botín acumulado organizaron una fiesta para celebrar el término de una temporada. Les dieron a los hombres una hierba alucinógena de nombre *yagé* en un ritual espeluznante que terminó en los ahorcamientos. Los capataces dieron muerte a sus compinches y en la oscuridad de la noche escaparon con el botín con rumbo a Panamá y México. Desde entonces nadie se acerca a ese lugar maldito, porque allí hay fantasmas peligrosos, aseguraron los informantes, y para terminar aseguraron: "Miren no más, lo que les pasó a ustedes".

Alguien comentó que Mendoza estaba pagando condena en México por tráfico de armas, pero que había logrado escaparse.

Miss Mary nos dijo en confidencia que el pasajero que recogimos en Baja California se llamaba Julián Mendoza Lora y sí, efectivamente era un prófugo que logró escaparse de una cárcel de Manzanillo en México, disfrazado de médico.

Por un pedido del hermano de su esposo lo trajeron hasta el río San Juan. Ella no sabía con qué finalidad. Erick, su cuñado, estaba tratando de salvar su compañía constructora donde también estaba involucrado con dineros el tal Mendoza y lo estaba chantajeando. Míster William dijo que el viaje al San Juan fue una estratagema de Mendoza para apoderarse del *North-Wind*.

Una semana después de haber sido rescatados llegó un avión acuático al río y nos llevó hasta Quibdó, la capital del Chocó. Yo tuve que quedarme por un tiempo, hasta que conseguí dinero para embarcarme como pasajero en una lancha que hacía el viaje por el río Atrato hasta un poblado del golfo de Urabá. De allí viajé hasta Capurganá en el mar Caribe hasta que conseguí viajar a una población de Panamá en la costa norte del Istmo en el que nunca había estado.

En el naufragio del *North-Wind*, perdí lo poco que tenía. Me dolió perder mis libros. La aventura en ese velero me dejó muchos interrogantes.

QUINTA PARTE

Una historia triste y un romance casual

1

Aurora Boreal
Salvador hace el relato de otro viaje

Ese buque de carga tenía un nombre poético, extraño nombre para semejante mastodonte de barco. Lo vi por primera vez, cuando hacía fila de turno en los muelles de Colón, para pasar el canal de Panamá del Atlántico al Pacífico. En el muelle principal había otra fila de unos veinte hombres hablando con un oficial vestido de blanco, con gorra de marinero, y en esta el nombre del buque.

Me acerqué a la entrada de la zona del canal y averigüé si estaban enganchando marinos para algún barco. Alguien en la línea de espera, con un dejo de cinismo en su voz, dijo: "Y, entonces ¿qué hacemos nosotros aquí?"

Hacía tres meses esperaba conseguir trabajo en cualquier barco y esta podía ser una oportunidad, aunque no estaba muy seguro de tener suerte porque me tocó ser el último en la fila de espera. Mostré mis papeles al oficial y para mi sorpresa fui enganchado, junto con otro panameño de nombre Jacinto Barrera, para un barco de nombre *Aurora Boreal*.

La cubierta del barco estaba colmada por cajas de todo tamaño, la mayoría muy grandes en guacales de madera, cubiertas con encerados para protegerlas de las lluvias y de la sal del mar, y también estaban amarradas con manilas a unas argollas sujetas al piso de hierro. Quedaba poco espacio para pasar de la popa a la proa. La cabina del timonel estaba situada contigua a la del capitán Holbein, a bastante altura, y distante de la carga.

Los dos pisos del barco debajo de la cubierta ocupaban un buen espacio y había escaleras por todas partes. En el piso anterior, al bajar las escaleras, estaban las cabinas de los tres oficiales de rango, comedores y baños. Y debajo de este piso, las cabinas para el resto de la tripulación. Pude observar que en su mayoría, los tres pisos del barco estaban destinados a llevar toda clase de cajas, tambores, maquinaria.

En mi primer día descubrí que la tripulación era en mayor parte extranjera y que se expresaban en diferentes idiomas. El capitán, vestido de negro, llevaba un saco con galones dorados y un quepis igualmente adornado con cordones de color oro. Su estatura corpulenta, rubio y de ojos grises del color de la niebla. Su mirada como la de toda la gente de mar, una mirada de lejanía que parecía andar siempre en busca del horizonte por donde salía o desaparecía el sol.

El barco tenía su base en Suecia. En esta travesía estaba cargado con mercancía americana y europea con destino a Ecuador, Perú y Chile. Llevaba una carga pesada de maquinaria agrícola, como también una delicada maquinaria de imprenta y otras de refrigeración. Habían arrimado a New Orleans para recoger mercancía que descargarían en Chile.

En las primeras semanas estuve en las entrañas del barco al lado de Javier, el panameño, y dos italianos. Allá nos destinaron para encargarnos del mantenimiento y limpieza de las máquinas. El ruido ensordecedor en esas cavernas y el calor desesperante me tuvieron por días enfermo del alma. Por las noches o en los ratos de descanso iba a recostarme en cualquier rincón de la cubierta para tomar oxígeno y mirar el cielo, y su paisaje de nubes pasajeras. En las noches buscaba rinconcitos donde pudiese estar solo para contemplar el cielo estrellado y recibir la brisa marina con los pulmones abiertos. Como decía el maestro *Singa*, en las noches es cuando el alma se nos sale del cuerpo y viaja por mundos que ni siquiera imaginamos que existan. El chapotear del oleaje en el casco del barco, el silbido del viento metiéndose por entre los salvavidas, era la única música del silencio interrumpida por el palpitar del corazón. Soy un viajero del vasto y misterioso océano que vive una vida en este barco que no es percibida por ninguna otra criatura en la tierra. En esta noche yo soy mi universo. Viajero solitario.

2
En la enfermería

Dos semanas habían pasado trabajando en las entrañas del *Aurora Boreal* y un día algo pasó porque desperté en una litera de la enfermería en el segundo piso. No había médico, sino un enfermero con conocimientos de farmacia y cuidados especiales. En este caso, el médico Miguel Lizardi era un galiciano de barba roja, ya pasado de los cincuenta y de temperamento bastante bonachón. Me di cuenta de que mantenía una colección de botellas de whisky en una caja arrimada a la litera de dormir, cubierta con una manta verde y libros encima de esta, a manera de seguridad.

—¿Cómo te sientes Salvador? –preguntó tocándome el brazo– Ya dormiste muchas horas y regresaste de ese sueño comatoso, pero debes descansar, necesitas unas cuantas horas más. Hablé con el oficial Wilson, y le expliqué porqué tú no puedes quedarte allá en las cuevas de las máquinas, no tienes la envergadura para estar allá. Pierdes el hidrógeno, así de rápido –dijo, chasqueando los dedos de su mano regordeta.

—¿Qué pasó, por qué estoy aquí? –pregunté, tratando de levantarme.

Te encontraron debajo de la escalera… desvanecido y con convulsiones espasmódicas y luego entraste como en coma.

—Doctor, ¿cuánto tiempo llevo aquí?

—No soy doctor, soy sencillamente un enfermero y me puedes llamar don Miguel o simplemente Doc, como lo hacen todos los demás. Y muchacho, ¿no te has dado cuenta de que hablo tu lengua?, ¡claro que no!... Llevas aquí dos días, y te vas a quedar otros días hasta que te manden a otro trabajo. No puedes seguir en las máquinas.

No había caído en la cuenta de que el enfermero habló español. Me alegré mucho y así se lo dije. Miró detenidamente mis manos donde faltaban parte de los meñiques y preguntó:

—¿Dónde perdiste esas dos uñas?

Le respondí que una en una apuesta en Hong Kong y la otra en un barco de bandera Filipina. Entonces comentó:

—Menos mal que fueron parte de los meñiques… –y a continuación, agregó–: Julio César, un emperador romano, castigaba con la amputación del pulgar a los galos rebeldes. –Hizo una pausa sacudiendo la cabeza y añadió–: ¡Um! Tal parece que en estos tiempos hay jugadores a los que les gusta coleccionar partes del cuerpo y mostrar esos trofeos ganados a veces con trampas. No entiendo a la humanidad.

Le pregunté si tenía algo para leer, pero de inmediato pensé que si tenía seguramente sería algo de medicina, entonces le pedí el favor de traerme de mi litera uno de mis libros, cualquiera de ellos, que estaban dentro de una mochila.

Pronto se apareció con el libro *Tifón* de Joseph Conrad y me preguntó con curiosidad si había leído los libros que encontró en la mochila y el que me había traído. Me miró con sus ojos interrogantes a la espera de mi respuesta. Asentí con la cabeza.

—¿Y puedes darme una opinión de su contenido? –preguntó sorprendido.

—Doc, yo leo esos libros una y otra vez, desde hace unos años cuando aprendí *el gran arte de las letras*, pero no sé mucho de los autores, solamente lo que dice la reseña. Esos libros que cargo conmigo, son el alimento de mi alma –dije, repitiendo la frase que le escuché al maestro *Singa*.

Doc se quedó como se dice con la boca abierta y siguió preguntando:

—¿Y no has leído nada sobre aventuras en el Pacífico, esas del descubrimiento de América, la conquista?… Tú que andas tanto por estos mares debes saber cómo fue que un vecino mío, Balboa, descubrió el océano Pacífico, por donde estamos navegando. –Se sirvió un trago en un vaso de aluminio de los que se usan en los barcos y añadió–: Imagina lo que te voy a contar:

"Panquiaco, el hijo del cacique Canagre, vio a un grupo de españoles peleándose por un poco de oro. Se acercó y les increpó diciéndoles: ¿Por qué pelean ustedes por migajas si allá en el Imperio de los Incas hay oro para cubrir pueblos enteros? Solamente tienen que buscar el otro mar y bajar y bajar. Balboa estaba escuchando y, a raíz de esa revelación, organizó una expedición para partir hacia el oeste. Y después de cruzar el istmo de Panamá llegó al otro mar. Descubrió este océano y le llamo *Mar del Sur*. Esto fue el 25 de septiembre de 1513.

"Entonces desde Panamá hicieron varios intentos por encontrar a los Incas por ese nuevo mar en bergantines, que construyeron en Panamá. Los conquistadores Pizarro, Almagro, Ruiz y hasta un cura estaban decididos a encontrar ese imperio. Esta costa era virgen y tuvieron que regresarse por falta de alimentos, por enfermedades… Finalmente, cinco años después en el Perú, entraron en contacto con los incas y su imperio. Los incas tenían mucho oro. Desgraciadamente mis compatriotas tenían una ambición desmesurada y terminaron por destruir y destruirse. Fue una época oscura, terrible, brutal para la civilización porque por la ambición del oro el hombre se olvidó de que era hombre. Este mar que navegamos ha visto y ha sido testigo de horrísonas aventuras tanto en estas costas como en las del otro lado de tierra firme, Asia sobre todo".

Escuché embelesado la historia. Doc tenía el don especial de la palabra. Aproveché cada momento para averiguar con él historias de los conquistadores, que no conocía.

Doc me trajo de la escasa biblioteca que tenía el barco en el saloncito de los oficiales, un libro amarillento y curtido por años de rodar de mano en mano, por ávidos lectores que no tuvieron la precaución de quitarse la mugre de las manos. Se titulaba *El Conde de Montecristo*.

3

El Oficial Martin Brown

Durante mi recuperación empecé a leer *El conde de Montecristo*, recostado en un rincón debajo de una escalerilla angosta situada por el lado de estribor y que los oficiales poco usaban. Allí me encontró el oficial míster Brown a quien le apodaban *Brauni*. Él se paró frente a mí y yo traté de levantarme, siguiendo el protocolo con los oficiales.

—Quédate sentado, muchacho, sé que estás enfermo –dijo con un gesto de la mano, y luego añadió–: ¿Qué lees?

Le mostré el libro.

—No sabía que podías leer esa clase de libros –dijo extrañado.

—Solamente en mi idioma... ya lo he leído dos veces, para entenderlo del todo.

—Si te gusta leer podría prestarte mis libros, pero todos están en inglés y tú no lo entiendes.

Se quedó callado, prendió un cigarrillo que había liado y mirándome con curiosidad dijo:

—Me gusta la gente que lee. Aquí en el barco tenemos una biblioteca, pero no muchos se acercan a pedirlos. Prefieren renegar de todo y por todo, jugar lo que no tienen y sentirse miserables. –Hizo un gesto negativo con la cabeza. Luego añadió–: Y..., tú ¿dónde aprendiste a leer esta clase de libros?

—En Guayaquil, un puerto del Ecuador y también en los astilleros del Callao, en el Perú, y después en barcos. Yo pagaba al que tuviera paciencia para enseñarme.

—Dime, Salvador... ¿de dónde eres? –preguntó con curiosidad el oficial.

—Del mar, soy hijo del mar. Pero también creo que tal vez nací en Panamá; no lo tengo muy presente y la verdad, no recuerdo nada de ese país, solamente un muelle. Me crié en los barcos y en los bajíos. No tengo padres, no los conozco, no los recuerdo.

—¡Um, eso suena interesante!..., yo nunca conocí un marino sin patria, sin padres, y entonces, ¿tu nombre?

—¿Mi nombre? La verdad, no sé de dónde vino. Desde que yo recuerdo me llamo Salvador. Quizá lo inventé o quizá me lo pusieron los Japas del pesquero.

–¿Trabajaste en un pesquero Japonés? –preguntó sorprendido el oficial.

—Esa es una larga historia –le dije, queriendo evadir la respuesta.

—Muy extraño lo que cuentas –dijo el oficial y añadió–: ¡Um!, después seguimos hablando.

Desde ese día, el oficial siempre buscó la manera de hablar conmigo. En las noches de calma me encontraba fumando cerca al pozo de las anclas. Desde allí él hacía guardia a la parte de la carga en ese lado de la cubierta. Al oficial le gustaba escuchar las aventuras y experiencias de mis viajes y también las otras historias contadas por los marinos que navegaban conmigo en el mismo barco.

Después, cuando el oficial me conoció un poco más, empezó, poco a poco, a sacar a la superficie los secretos de su vida. Al principio, con cautela, algo así, como teniendo cuidado dónde iba a pisar.

El oficial Martin Brown era oriundo de Belfast, en Irlanda, una ciudad donde había astilleros para la construcción de barcos; se había casado muy joven, con una linda irlandesa, de nombre Sarah, apenas recibido su grado de maestro de escuela secundaria. Tuvo dos hijos: Charles y Robert, a los que no veía desde el día en que se embarcó; de eso hacía diez años más o menos.

—Diez años es mucho tiempo para no ver a la familia, van a pensar que usted está muerto –le dije sin pensar en el efecto que esto le causaría.

—¡Tal vez sería lo mejor! –Con voz quebrada por la emoción de los recuerdos añadió–: Yo desaparecí de sus vidas hace mucho tiempo. Me embarqué en Liverpool, sin despedirme de nadie –hizo una pausa y me advirtió–: Salvador, nunca hablo de estas cosas con nadie, y espero que no lo repitas absolutamente a nadie, porque dejarías de ser mi amigo.

—Señor, no tiene que contarme nada de su vida, y más aún si eso le trae tristeza. Es mejor que me cuente de sus aventuras de marino, en los diez años navegando por esos mares de Dios.

—No, no, creo que lo mejor es sacar toda esa tristeza que me consume. Todo eso que llevo guardado, para mí ha sido como una guillotina con la cuchilla colgando de lo alto y yo esperando su caída. El gran secreto que guardo ¡ya no tiene caso! –Se quedó callado por un momento y prosiguió–: Fui maestro de escuela en mi pueblo. Apenas llevaba dos años enseñando y tuve que dejarlo todo.

Sorprendido por lo que nunca imaginé, comenté:

—Ahora entiendo por qué le gusta leer. Claro que habiendo usted estudiado, tiene que tener muchos conocimientos. ¡No hay comparación conmigo!... Yo antes de aprender el arte de las letras me sentía como un caracol. No he leído muchos libros, pero he aprendido a imaginarme cosas que antes nunca soñé. Las enseñanzas de *Singa* abrieron una puerta, la de la curiosidad. Me enseñó a estudiar a los hombres, y no me va a creer, ahora yo estudio a todos los tripulantes de los barcos y me entretengo tratando de imaginar sus vidas pasadas y por qué están aquí. Singa me dijo que estudiara el físico, pero también el alma de los hombres.

—¿Y cómo me percibes? ¿Sabes de mi alma? –preguntó con cierta incredulidad.

—Un día le diré cómo lo veo, por ahora solamente puedo decirle que lo vi como una persona que lleva cargando a sus espaldas un fardo muy pesado. No me equivoqué. Lo he visto llorar cuando está alicorado. ¡No le digo nada más!

El oficial Brown había tomado su ración de whisky diaria. Se le notaba en su manera de expresarse. Arrimado al costado del barco mirando al mar y recibiendo una brisa salpicada de agua salada empezó a contar su gran secreto:

197

"Diez años han pasado. Diez años navegando por los mares de la tierra con el solo propósito de olvidar la pesadilla que llegó una noche a mi vida y desde entonces soy otro hombre, porque no me quedó otro remedio, que inventarlo. –Hizo una pausa y suspiró muy hondo–. Pienso en mis hijos Robert y Charles y en Sarah, mi esposa. No los he vuelto a ver desde la noche en que me alejé de la casa y de sus vidas. Un macabro incidente cambió el rumbo de nuestras vidas".

En la oscuridad de la noche adiviné que una lluvia de lágrimas inundaba el rostro sin rasurar del irlandés y que en las pausas, trataba de sosegar su corazón.

"Esa noche celebrábamos la despedida de soltero de un amigo de los tiempos de estudios. Éramos siete hombres, amigos de la infancia. Nos gustaba cantar y tomar, y esa noche cantamos y tomamos más de la cuenta. Mi hermano John se quedó dormido en el rincón de la mesa de la taberna donde festejábamos. De pronto llego Peter, otro amigo de la infancia y se unió al grupo. Se acercó a mi hermano y lo despertó de un golpe. Le hizo reclamos porque le había quitado su novia. Todos empezamos a reclamarle y se armó tremendo bochinche. El dueño de la taberna nos echó a la calle donde se formó una trifulca de hombres borrachos. A pesar de la oscuridad del lugar seguí los movimientos de Peter y alcancé a ver un puñal en su mano que relampagueó por un instante. Escuché un grito que conocí, era de John, mi hermano. Entonces saqué el puñal que llevaba en la cintura y se lo clavé a Peter que seguía dándole patadas a mi hermano que yacía en el suelo. Alcé a John y lo llevé hasta el umbral de la casa como pude y toqué la aldaba de la puerta. No sé qué horas serían, quizá más allá de media noche. Antes que alguien saliera de la casa, corrí hasta la taberna. Traté de que nadie me viera. Me di cuenta de que Peter estaba muerto. Esa noche salí para Liverpool y esa misma semana me embarqué en un buque carguero que iba rumbo a las Azores y a Guinea Bissau".

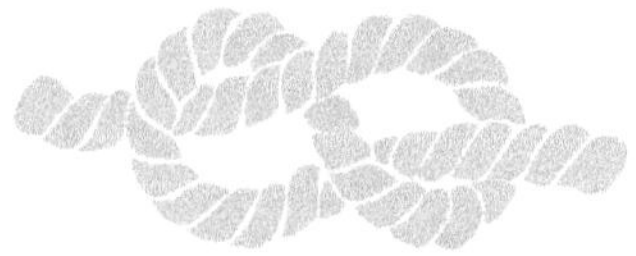

4
Tocando fondo

La historia del oficial Brown me dejó pensando por mucho tiempo. Ya sabía yo que había dejado a una esposa y dos hijos y su empleo de maestro. Toda una vida en tierra firme. Me preguntaba, ¿qué hubiese hecho yo en su caso? ¿Huir como él lo hizo? ¿Entregarme a las autoridades? ¿Afrontar las consecuencias? Y me respondí: ¿Qué sé yo de la cultura de ese pueblo? ¿De sus costumbres? Y si había antecedentes similares y el único camino era huir, ¿acaso las venganzas se cobraban diente por diente, ojo por ojo? El miedo había sido la causa de tan extrema decisión… huir.

Una noche lo encontré en la baranda de proa mirando ese mar sin fronteras. Imaginé que en esos momentos estarían pasando por su memoria, una a una, como en una película, las fotografías de la ciudad donde nació y creció, de sus hijos, de su casa, de su esposa y, por último, de la escuela donde alguna vez enseñó. Quién sabe cuántas veces esos recuerdos tornarían a atormentarlo, o quizás, a aliviar su pena. Sin duda, Martin Brown era ya un hombre distinto al de hacía diez años, uno que él se había inventado para sobrevivir y como sucede a veces en casos extremos, cuando no hay salida al dolor que carcome el alma.

No estábamos muy lejos del Callao en el Perú: el oficial Brown en noche de Luna, llegó a la cubierta y se sentó arrimado al casco, protegida su humanidad por las sombras de la carga. Me senté a su lado y noté que había tomado whisky.

Como si solo hubiéramos hecho una breve pausa en nuestra pasada conversación, continuó contándome sus aventuras.

Anduvo algunos años en los barcos petroleros que zarpaban de los países árabes para el sur de África, para Brasil y Argentina. Lo que ganaba lo gastaba en los puertos, en mujeres y licor. Trabajó también en un barco de nacionalidad griega que viajó hacia el oriente: Sumatra, Borneo, Indonesia, Vietnam… Debido a su afición al licor, el barco partió sin él. Se quedó en un puerto chino con la ropa que tenía puesta. Allí estuvo perdido por meses dependiendo de una concubina china que le enseñó a fumar opio. Se volvió adicto. Trabajó en los mercados chinos limpiando las mesas donde se vendía toda clase de frutos del mar: peces, calamares, moluscos…. También recogió basura en los puestos de mercado. Lo que recibía de pago apenas le alcanzaba para el vicio.

Un año había pasado, y como un milagro apareció un marino irlandés al que había conocido en un barco petrolero, pero del que no recordaba su nombre. El marino lo vio en ese terrible estado de miseria, recogiendo colillas de cigarrillo en la calle y le preguntó si él era Martin Brown. Sí era él, Martin Brown, y necesitaba algún dinero. Le contó sus infortunios y su adicción al opio.

El marino le preguntó si quería ganarse un dinero ayudándole a llevar unas cajas al barco, donde trabajaba como oficial de navegación. "Claro que sí", fue su respuesta. Como pudo, dado su pésimo estado físico, llevó las dos cajas de pescado seco caminando detrás de su compatriota. Subieron al barco y fueron a su camarote. El marino le brindó un vaso grande de whisky y lo dejó con la botella mientras él iba a conseguir el dinero para pagarle. El cuento fue que se tomó la botella y en la debilidad en que estaba se fundió. El barco ya estaba en alta mar, cuando el oficial vino a abrir el camarote encontró a Martin Brown, tirado en el piso sufriendo terribles convulsiones; muriéndose por la falta del opio. Con la complicidad de un enfermero el oficial poco a poco lo fue sacando de esa terrible tragedia de su vida.

Al terminar su relato el oficial Brown guardó silencio. Se levantó y se fue caminando sin decir buenas noches. Yo también me había quedado sin palabras y en silencio, me fui a dormir.

Esa fue la última noche que Martin Brown vino a sentarse en la proa.

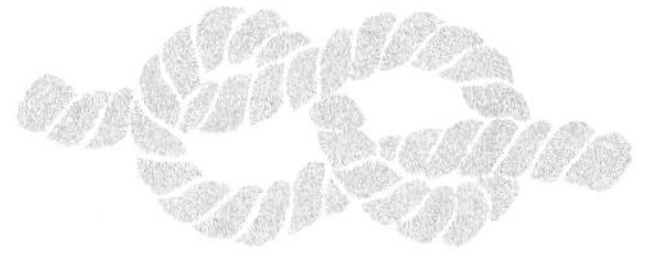

5
Reflexiones

Durante la travesía, en las noches de calma busqué como siempre un rincón en la proa donde pudiese estar solo con las estrellas de ese universo al que podía viajar solamente con mi mente. Allí, por la proa, pasaban las suaves ráfagas de los vientos de barlovento que iban dejando mi rostro humedecido con sabor a sal. Allí también podía escuchar el gemir de las ballenas y delfines provenientes de la inmensidad del mar. En esas noches de misterio sentí como si de pronto estuviese volando en el espacio, y desde lo alto podía ver saltar los peces voladores, y clavar como ellos en el oscuro océano, dejando miríadas de oro líquido.

El misterio de la noche en ese mar impredecible me hace pensar si será verdad que todas las criaturas del planeta venimos del mar. Alguien me habló de esa posibilidad, en una noche como esta, y explicó que *"toda el agua que hay en nuestro cuerpo es salada: la sangre, las lágrimas, el sudor, la esperma de los hombres, la orina, la saliva… Y además, el feto parecido a un pez, nada por nueve meses en una laguna de agua salada, dentro del vientre de la madre"*. Pienso y me pregunto: ¿entonces las ballenas, los delfines, las focas que amamantan sus críos…, serán nuestros primos?

Me pregunto: si el hombre de verdad pertenece al reino de los peces, ¿cómo fue que se le olvidó nadar? Olvidó no solo cómo sobrevivir en el mar sino también, cómo mantener impolutos los océanos. Tantas cosas que inquietan mi ser y de las que no sé las respuestas. El oficial Brown dijo en una ocasión que yo tenía alma soñadora de poeta porque veía y sentía cosas que los demás no veían ni sentían.

Las figuras de mis diosas también vienen a tentarme en noches como estas traídas por el misterio del universo. Diosas que llegué a amar con todos mis sentidos: Tera, la Niña Pola, Miguelina, Carmencita, Simoneta… Se turnan para visitarme en noches de soledad cuando parece doler el ser hombre; cuando la vida que vivimos no tiene sentido y queremos salir de esta vida como se sale por una puerta.

Un trueno interrumpió mis pensamientos. El viento arreció y el oleaje creció de un momento a otro. En poco tiempo el mar empezó a agitarse porque un temporal se avecinaba. Los relámpagos se sucedían por segundos, el viento rugía, y el retumbar de los truenos ensordecía. El contramaestre dio orden a la tripulación de que estuviese pendiente de los cables y manilas que amarraban la carga. El gran barco se movía y traqueaba al empuje de un oleaje aterrador. Los rayos dibujaban caminos de fuego en el espacio, como si fuese una gran fiesta pirotécnica. Por dos horas protegidos con los impermeables amarillos luchamos tratando de sostener los encerados que cubrían las inmensas cajas que el viento quería arrebatar.

Cuando pasó el temporal quedamos extenuados, sin ánimo de movernos de los sitios de cubierta donde dejamos tirada nuestra pobre humanidad. El Capitán y dos oficiales vinieron a inspeccionar si había daños, y claro que los había: unas cuantas cajas estaban fuera de sitio, otras se volcaron y a buen número les entró agua. Temprano en la mañana nos dedicamos con premura a organizar la carga.

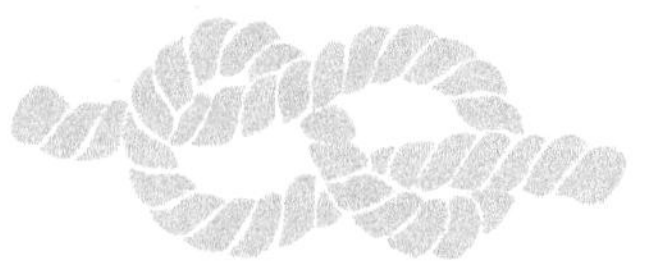

6
Miguelina Bilbao

En Chile, después de entregar el *Aurora Boreal* su última carga, fui desenganchado con otros tres marineros. Resolví viajar al Callao, puerto donde tenía algunos amigos, entre estos a Miguelina Bilbao, la dueña de un pequeño restaurante, de esos que se encuentran cercanos a los muelles y atraen clientes del astillero y estibadores. Miguelina y yo teníamos una relación hilvanada con encuentros furtivos. Una relación pasional, pero sin compromisos, sin amarres… Ella siempre estaba allí, como esperando que yo apareciera para llenarme el alma y el cuerpo de caricias… Una mirada suya de sorpresa al verme sentado en una mesa, después de una larga ausencia, me decía cuánto me había extrañado. O sería más bien, que yo quería creerlo así.

En momentos como este, ella dejaba el café al cuidado de su hermana Alfonsina. En esta ocasión, nos fuimos por días, como lo hacíamos siempre, a la choza escondida entre palmeras en una playa solitaria de un bajío. Dos horas de viaje en canoa de motor fuera de borda por estero y mar hasta llegar a aquel lugar donde ella me llevó en nuestra primera escapada y que después se convirtió en añorado refugio. A ese nido de amor lo bautizamos: *Playa Linda*.

El lugar del bajío donde estaba el ranchito en medio de un palmar era un promontorio de arena acumulado por las olas que rompían con un retumbar de truenos en la arena blanca de la playa. Al fondo, bosques de manglares formando paredes que se perdían quién sabe hasta dónde. Frente a la primitiva construcción de guadua picada con techito de paja, la playa se extendía hasta los manglares de la costa.

En ese paraje solitario Miguelina y yo tirados en la arena bajo la bóveda de un cielo color zafiro, tan inmenso y tan claro, que podíamos ver aun más allá de lo azul, y espiar los entretenimientos de los ángeles.

Miguelina, del color de la canela y con su cuerpo de sirena voluptuosa me llevaba por todos esos parajes del deseo y me hacía ver un universo que no conocía. Dios le había dado el don de la palabra suave, tan suave como la seda...y la fogosidad de los vientos huracanados cuando se entregaba al amor.

En el ranchito, tirados en la rústica cama de guadua, Miguelina se sinceraba conmigo contándome los secretos de su alma romántica y aventurera, mientras me miraba con sus ojos de aguas misteriosas... El deseo de una vida que ella soñaba y que nunca imaginé existiera en su alma. Ella era una hermosa mujer que rayaba en los cuarenta, esbelta y de caminar ligero, cabellos negros y lacios que le llegaban a la espalda y le hacían marco a un rostro con rasgos indígenas, por sus pómulos salientes. En ese rostro brillaban sus ojos negros, profundos, de mirada inquisitiva donde yo me perdía por una eternidad.

Una semana con Miguelina, viviendo frente al mar, ella y yo, como el Adán y su compañera Eva, de más allá del cielo, viviendo un romance que no tenía igual. Ahora estaba de nuevo listo para perderme en ese mar de mis otros amores: mi vida de marinero.

En el Callao tuve que esperar durante varios meses antes de conseguir un enganche. Mientras tanto, trabajé en el astillero en un barco que estaba siendo reparado y acondicionado para llevar carga a puertos de Asia. Al lado de Miguelina la espera se hizo grata. Valió la pena esperar.

* * *

Salvador hizo otros cuantos viajes en cargueros con destinos asiáticos. En *el Aurora Boreal* estuvo trabajando nuevamente por tres años como oficial de máquinas, lo mismo en el *Bolívar III,* dos años, y por último, como capitán de barco de cabotaje en las costas del Ecuador y Colombia.

SEXTA PARTE

Últimos relatos de El Timonel

1
Una carta intrigante

Pensé que los cuadernos de Salvador los había escrito contando desde su primera aventura del extravío cuando niño hasta su romance con Miguelina. ¡Que eso era todo! Pero no era así, Medrano me sorprendió con una carta en la que me decía:

"De la historia de Salvador dejé para la última parte algo que usted nunca podría imaginarse y quizás sea lo más importante de su vida: el misterio de su desaparición de la isla en una noche de parranda, no termina allí. Todos en las islas pensaron que había sido víctima de la voracidad de los tiburones. Yo también pensé que los escualos habían ganado la apuesta a mi amigo, pero no fue así… ¿Salvador se escabulló secretamente con una mujer? En su próxima visita a la isla le hablaré sobre esto".

Viajé a Tumaco por última vez, dos semanas después de leer la carta. Estaba ansiosa por saber lo que había dejado por contar *El Timonel*. Quizá todo un misterio sobre la desaparición de Salvador en esa noche aciaga cuando él dejó a su amigo en *Los cuatro Vientos*. De los relatos de *El Timonel* escribí:

Cinco años habían pasado de la desaparición de Salvador. Por un buen tiempo, en la isla se tejieron toda clase de rumores, especulaciones y cábalas acerca de la extraña desaparición del más apreciado aventurero que había llegado a Tumaco. Medrano y los comerciantes de la galería de mercado tenían por seguro que los tiburones habían dado cuenta de él y, por ende, habían ganado la apuesta que le tenían casada a su amigo.

Medrano se consoló por días, diciéndole a Casandra, su mujer: "Quizás ese era el fin que él quería, porque, piensa mujer, ahora anda navegando en las entrañas de los escualos por todos esos océanos de la tierra".

Sin embargo, cuando meses después, Medrano, *El Timonel,* regresó a *Los cuatro vientos,* un muchacho que trabajó en el bar le juró por su bendita madre, que el había visto a Salvador irse abrazado con una linda mujer forastera.

* * *

El día de la reaparición de Salvador, Medrano, *El Timonel,* vio esa mañana desde la puerta de su casa a un grupo de gentes que se acercaban en silencio por la playa. Pensó lo peor: "Traen malas noticias de mi hijo Julio, algo le ha pasado"… Sintió su corazón galopar desesperadamente, y luego, se fue quedando sin movimiento, exactamente como un pez muerto en la arena. El grupo se acercó aun más y cuando ya estuvieron allí frente a él, vio a un hombre vestido de blanco de pies a cabeza, con gorra de capitán adornada con galones dorados. A su lado, una mujer con vestido floreado llevando cartera y zapatos blancos. Medrano recorrió en un instante los rostros conocidos de los isleños que traían dibujada una gran sonrisa en sus facciones morenas, y en sus ojos brillaba la exclamación de un milagro.

La muchachada que los seguía gritó:

—Salvador está vivo ¡Vivito y coleando!

Él, Salvador, su amigo, estaba allí presente con toda su armazón humana. ¡Medrano no podía creerlo! Las lágrimas inundaron su rostro, el habla se le quedó atrapada quién sabe dónde; el cuerpo se le puso rígido como el de un pez congelado...

Salvador se acercó y lo abrazó en silencio.

Ya dentro de la casita, en la salita de siempre, le pareció a *El Timonel* que su amigo había cambiado. Tenía el rostro rasurado y claro, pero las tres cicatrices eran ahora más notorias. Por primera vez lo vio con los cabellos cortos, más arriba de la nuca, las ondas matizadas con hebras de plata. Los ojos aún tenían la mirada lejana del marino, pero se mostraban invictos.

Salvador le presentó a su compañera: "Aquí tienes a la Niña Pola. A quien tú ya conocías por todo lo que te hablé de ella".

Ella, la Niña Pola, miró sorprendida a Salvador y luego a Medrano. En sus ojos grandes del color del ámbar se leía una interrogación, difícil de esconder. ¿Acaso su amigo conocía detalles de esas intimidades eróticas experimentadas por ellos, allá en la plantación...? ¿Sabía acaso de sus escapadas con Salvador a la pieza de un hotelucho en Esmeraldas, donde los días pasaban como si no hubiese mañanas? Se sintió incómoda pensando que Medrano lo sabía todo. Sin embargo, sonrió dejando ver una hilera de dientes casi perfectos. Sus ojos también sonrieron con malicia.

El resto de la gente se quedó afuera y se dispersó por entre las palmas haciendo comentarios. Otros, se fueron a la Calle del Comercio a regar la gran noticia.

Recuerda *El Timonel* que esa mañana del cuarenta y cuatro cuando apareció Salvador frente a su casa, el sol lucía más resplandeciente que otros días y el mar frente a su bohío, como él llamaba a su casita, aparecía festivo con visos de oro y plata porque no había una sola nube en ese cielo de horizontes rosados; una brisa ligera se sentía por los lados de la playa: *"Un día promisorio"* le había dicho Casandra, su mujer.

Después de todo, no importaban las lágrimas derramadas cuando lo creyó muerto. No importaba su silencio de cinco años. Nada importaba... Su amigo estaba allí vivo ¡y aún gozando de la vida!

Sin muchos preámbulos, en esa mañana de su aparición, Salvador les contó a sus amigos Medrano y Casandra la historia de su escapada de las islas, orquestada por la Niña Pola.

Su extraña aventura empezó con una misiva que recibió de un desconocido marinero que se acercó y le dijo: "Lo reconozco a usted amigo, por esas cicatrices en su cara y la sirena en su brazo". Salvador le dijo que él en cambio no lo recordaba. El marinero le replicó que eso no importaba, porque lo importante era la carta que tenía para él. Se la entregó y le dijo: "Trate de leerla, porque hay una persona esperando su respuesta allá afuera."

Salvador no alcanzaba a leerla con las débiles luces de los bombillos que alumbraban el salón de *Los Cuatro Vientos*. "No debe ser nada importante, pensó; nada que no se pueda resolver hasta el lunes en la mañana". Ya era más de medianoche. Se levantó como pudo de la banca y salió a la calle. Empezó a caminar arrimándose a las paredes de las calles solitarias alumbradas a media luz, rumbo al destino que lo esperaba allá en la galería de mercado y la Chata naufragada.

Al pasar el segundo poste de la luz, un hombre le salió al encuentro. Se quitó la cachucha, sacudió la cabeza y apareció como por magia el rostro de una mujer. Entonces, ella le dijo: "Salvador, estás borracho. Mírame bien, soy la Niña Pola y vengo a llevarte conmigo. Déjame que te ayude a llegar hasta el muelle".

El asombro de Salvador al verla a su lado fue incomparable. Creyó que era una visión producida por el alcohol consumido. Sin embargo, se dejó llevar por ella hasta el muelle largo de la aduana. No tenía fuerzas para resistir. Un hombre a quien ella llamó capitán lo ayudó a bajar la escalera y entrar a una embarcación. Eso era todo lo que recordaba de esa noche.

Durmió muchas horas y cuando despertó a mediodía creyó que estaba en la Chata, pero no, no estaba allí, tampoco había sido un sueño lo ocurrido la noche anterior porque la Niña Pola estaba sentada a su lado. Pronto se dio cuenta de que estaban viajando por alta mar rumbo al puerto de Buenaventura. Salvador no salía de su asombro. Según le explicó ella, ese viaje era muy importante para él: porque al fin iba a conocer a sus padres y saber de su identidad. La Niña Pola los había encontrado con la ayuda de un detective panameño.

Para la búsqueda de sus padres se valió de una fotografía y del dibujo del amuleto celta que Salvador llevaba al cuello en el día de su extravío. También, había averiguado de su vida en Tumaco y de los lugares que frecuentaba, en especial la borrachera de los sábados en *Los cuatro vientos*. Así le fue fácil llevarlo a la lancha sin que él protestara.

La Niña Pola sonreía y afirmaba con un gesto de la cabeza mientras Salvador contaba su historia como solo él sabía contarlas.

Solamente cuando Salvador se refirió al dinero gastado por ella para empezar la búsqueda con un detective, viajar a Panamá y luego contratar una lancha…, la Niña Pola interrumpió para aclarar que casi todo lo gastado por ella había sido devuelto por los padres de Salvador. Explicó también que la idea de buscar a sus padres con avisos en periódicos locales de los puertos de Panamá dio resultado. Una hermana de Salvador, de nombre Patricia, que residía en Tucumen leyó el aviso del periódico y enseguida se comunicó con el detective. Lo citó a su casa. Después de corroborar los dibujos del amuleto se dio cuenta de que Salvador era el hermano perdido, pero lo que no concordaba era su nombre. Su hermano fue bautizado con el nombre de Galván García Quiroz, hijo de Melitón García Morán y Cecilia Quiroz Sánchez. Ambos de nacionalidad colombiana. El detective comunicó a la Niña Pola esa gran noticia y a los pocos días ella viajó a Tucumen a encontrarse con Patricia y su esposo. Luego viajó a Cartagena en Colombia donde vivían los padres de Salvador.

En Cartagena visitó a los supuestos padres de Salvador y conoció a sus dos hermanos. Les informó todo lo que sabía de él y les mostró la foto y el dibujo del amuleto. El padre recordó el amuleto celta. Dijo que era tradicional en su familia que los hijos varones llevaran ese amuleto. Su abuelo fue de nacionalidad española, de Galicia, una región al norte de España donde habitaron las tribus celtas que inmigraron a la península ibérica.

La familia García Quiroz se puso de acuerdo con la Niña Pola para que esta se encargara de comunicarle a Salvador el encuentro con ellos y luego invitarlo a ir a Cartagena para verificar si en efecto, se trataba del hijo desaparecido hacía más de cuarenta y cinco años.

2
Salvador encuentra a sus padres

Dos meses después tuvo lugar el encuentro de Salvador con sus padres y hermanos en la señorial casa de la familia García Quiroz situada en uno de los barrios más tradicionales de Cartagena. Como es de suponer, Salvador se sentía cohibido como un adolescente. Él nunca había tenido ninguna familia y ahora que estaba delante de los dos ancianos y de sus dos hermanos, no sentía ninguna emoción especial, aunque sí una gran curiosidad por saber el porqué de su presencia en el muelle cuando estaba niño. ¿Por qué había estado allí solo siendo todavía tan pequeño? ¿En qué puerto ocurrió eso? Y, ¿cuál era en realidad su nombre y apellido?

Cecilia, su madre, contó con detalle la gran tragedia de perder a su hijito Galván en Balboa, cuando él tenía apenas siete años y medio. Esa desgracia sucedió cuando sus padres lo llevaron con ellos en un viaje a Panamá para visitar a una hermana de su madre casada con un contratista de la construcción del Canal de Panamá. Esa tarde los dos matrimonios salieron a cumplir con una invitación a casa de una familia amiga. Dejaron a las dos pequeñas hijas de su hermana y a Galván (Salvador) al cuidado de la servidumbre encargada de los niños, dos mujeres que hacían esa labor.

La casa de la tía de Salvador estaba situada a unas cuatro cuadras más o menos de los muelles del puerto, en una calle larga transversal. Los dos matrimonios regresaron tres horas después y encontraron a la niñera en la calle frente a la casa llorando porque no encontraba al niño Galván por ninguna parte. Inmediatamente se fueron todos a buscarlo inclusive en el muelle del puerto. Desesperados, dieron parte a la policía. Se ofreció recompensa. El niño no apareció.

Sus padres se quedaron casi un mes en Balboa buscando al hijo desaparecido. Durante muchos años pusieron afiches en la ciudad, en las bodegas del puerto, en las oficinas marítimas buscándolo y ofreciendo recompensas. Al final, todos en la familia creyeron que el niño salió a la calle y alguien se lo llevó quizá para venderlo a alguna familia sin hijos.

Recordaron que habían estado caminando por el muelle con Galvancito el día antes, por el lado de la marina de los yates para conocer la lancha del esposo de su hermana.

Salvador se había emocionado con el relato. Con lágrimas en los ojos y la voz quebrada por la tristeza del recuerdo dijo:

"Yo llegué a ese muelle, no sé cómo, porque no recuerdo. Cuando me buscaron, sin duda, ya estaba escondido detrás de las redes en un rincón del pesquero japonés… ¡Vaya mi destino!"

A renglón seguido, les contó lo que recordaba de ese día, su primera aventura en el pesquero japonés y de cómo se le olvidó su nombre y todo lo demás, debido al trauma sufrido por su extravío a una edad cuando tanto necesita todavía un hijo a sus padres y más aún a su madre. Sus padres verificaron que Salvador tenía un lunar parecido a un ojo en la espalda. Verificaron los dibujos del amuleto, y repitieron emocionados muchas veces que Galván era el vivo retrato del abuelo paterno.

Melitón García Morán llamó a Salvador a la biblioteca y le mostró los álbumes de la familia. Su abuelo, de origen español de la provincia de Galicia, marino de profesión, escogió Cartagena a principios del siglo, para quedarse en tierra después de andar embarcado por veinte años en barcos mercantes españoles. Según contó a su familia: era descendiente por la parte paterna de una rama de las tribus celtas que se quedaron en Galicia, en el norte de la península Ibérica, por el Atlántico.

Salvador aprovechó la ocasión para decirles a sus padres que su nombre ahora era Salvador y que no lo cambiaría por Galván. Seguiría fiel a su nombre de cuarenta años. Un nombre muy significativo porque fue lo único que recordó de su primera aventura. Los apellidos sí los aceptaba pero solamente para cuando fueran necesarios.

En la conversación con sus padres supo que sus hermanos Maclovio y Julián habían estudiado arquitectura e Ingeniería civil. Su hermana Patricia estudió hasta el bachillerato y al poco tiempo de graduarse se casó con un ingeniero panameño. Pensó Salvador que si su destino hubiese sido otro, él también tendría un título como ellos, y sus padres estarían orgullosos de él. Pero para él, aprender el *arte de las letras* no fue fácil; a punta de esfuerzo lo consiguió cuando ya era un hombre y eso por haber encontrado a *Singa*, el chino que lo introdujo al amor por la lectura y por los libros. Desde que aprendió ese nuevo idioma de las letras, leyó todos los libros que consiguió, los que más pudo, por esa hambre de conocimientos que se despertó en su cerebro a semejanza de un cachalote que descubre un banco de calamares y se lanza a engullirlos con un arrebatado poder.

Cinco años se quedó Salvador viviendo al lado de sus padres; tratando de sentirse en familia, esperando el milagro de sentirlos muy cerca de su corazón. Le pareció que llegó cuarenta y siete años muy tarde a sentirse hijo de un matrimonio que ya lo había dado por desaparecido para siempre en su mente y en su corazón. Cecilia, su madre, devota de la virgen del Socorro, a la hora del rosario todavía rezaba por el hijo perdido. Aunque lo hacía por un hábito adquirido.

Cuando se dio cuenta de que su hijo no era religioso como lo era su familia y que no sabía casi nada del Dios, de Cristo y de su religión católica, se sintió profundamente triste. Al enterarse de esa realidad, se santiguó muchas veces. Por días lo estuvo adoctrinando en las creencias de su religión. Salvador la escuchaba, con atención. No quería desilusionarla con argumentos de su manera de pensar. Él sí creía en un Dios universal, pero no atado a ninguna religión porque en la realidad, el no conocía ninguna. *Singa* y la Niña Pola también le habían hablado de su Dios. Y en los barcos, había escuchado a los tripulantes, en medio del fragor de las tormentas, llamar en su ayuda a un Dios que parecía no escucharlos.

Algunos de sus compañeros marineros llevaban cruces colgadas a su cuello. Pero de lo que sí se había dado cuenta por deducción, era que solo había un Dios, un Dios Universal. Cecilia, su madre, le colgó un escapulario al cuello y le dio una estampa de la virgen y otra de Cristo en la cruz y una Biblia.

Sus hermanos estaban trabajando en ciudades del interior. Allá los visitó y se dio cuenta de que tenían familias con vidas organizadas. Lo trataron con respeto. En todos ellos existía una curiosidad tremenda por saber aspectos de su vida; le hacían muchas preguntas. Querían saber el porqué de la falta de las puntas de los dedos en ambas manos. Por qué tenía cicatrices en su rostro y en sus brazos. Querían saber tantas cosas…

Al final, Salvador reflexionó que estaba nadando en aguas desconocidas y peligrosas. Se estaba hundiendo en una turbulencia donde no había escape. La comparación con sus hermanos estaba muy presente. Para ellos y su familia él era un pobre tipo del montón. Nunca trataron de descubrir el espíritu del hombre que habitaba en su interior.

Al regresar a casa de sus padres en Cartagena, y para su sorpresa, ellos le tenían un gran regalo: una lancha en rojo y blanco *Regnicoli,* con motor de tres cilindros *Johnson VRD.* Tenía un camarote y podía usarse en alta mar. Salvador la bautizó: *North-Wind…* Ya estaba matriculada, con licencia para navegar y con amarre en una marina de yates.

Esperaba con ansia el regreso de la Niña Pola del Ecuador para hacer unos viajes con ella por toda la costa del Caribe colombiano hasta el cabo de la Vela en la Guajira.

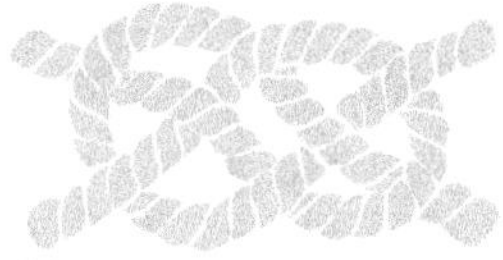

3
Cinco años en Cartagena

Mientras esperaba el regreso de la Niña Pola, Salvador trató de acercarse más a sus padres. Imaginaba que quizás ellos también estaban enfrentando el mismo dilema, no podían aceptarlo de un día para otro como hijo. Imposible para ellos sentir por él lo que sentían por sus otros hijos y nietos. Lo mismo le pasaba a él. Con el tiempo, pensaba quizá conseguiría amarlos como padres. Pero debido a su edad y achaques no había mucho tiempo. La salud de su madre era precaria. Su padre tenía problemas de corazón.

Los días los pasaba Salvador en la biblioteca de la casa leyendo libros que ya nadie leía. Esa biblioteca había sido orgullo de Melitón y Cecilia porque a ambos les gustó mucho leer. A su padre lo llenó de alegría que su hijo tuviese el hábito de la lectura. A la hora de la cena le hablaba a Salvador acerca de la compañía naviera que él había empezado con un socio, cuando era muy joven siguiendo la tradición de su padre que había sido dueño de un barco mercante que hacía viajes por el Caribe. La compañía, de nombre *Naviera del Caribe*, había llegado a tener hasta tres barcos mercantes y dos de cabotaje. Por motivos de salud, su padre antes de retirarse vendió su parte de la compañía. Sus hijos no estaban interesados en seguir ocupándose de ella. Sus profesiones los llamaban a otras aventuras. La casa donde vivían había sido la casa de sus padres y antes, de sus abuelos. Le habían hecho reformas para modernizar su interior: baños y cocina solamente, ya que la ciudad, por su carácter histórico, no permitía cambios frontales.

La Niña Pola fue a visitar a Salvador en Cartagena tres veces en esos cinco años. La última vez encontró a Salvador entusiasmado como un niño con el regalo de la lancha. Él, por su parte, la esperaba con ansia para visitar algunos lugares en la costa caribeña. Por un mes entero estuvieron juntos disfrutando de esas excursiones marinas. Se quedaron unos días en las islas del Rosario, después en Santa Marta y de allí fueron hasta el Cabo de la Vela.

La pasión que los envolvió en sus años juveniles había madurado. Se amaban sin las locuras de esos tiempos, allá en la plantación de Limones. Atrás quedó ese amor desenfrenado. A ella todavía le gustaba la aventura a lugares solitarios, poco frecuentados por turistas porque quería sentirse libre de miradas. Se sentía feliz al estar rodeada solamente por la naturaleza.

Al regreso a Cartagena, la Niña Pola se despidió prometiendo regresar pronto. Ella todavía estaba atada a la plantación. Su padre, enfermo de los pulmones se estaba consumiendo poco a poco y le era difícil recorrer los sembrados. Tenían un nuevo capataz que no le merecía mucha confianza. Además, ella tenía que visitar a su hija, interna en un plantel educativo del Sagrado Corazón en Quito.

Salvador también sentía el apremiante deseo de regresar a Tumaco. Pero se sentía a la vez obligado a estar al lado de sus padres a los que había prometido acompañar hasta el día de su muerte. No era fácil dejarlos, porque estaban solos y viejos. Sus hermanos tenían sus vidas en otra parte.

La presencia de este hijo recobrado en su hogar les producía a sus padres inmensa satisfacción. Se sentían felices a su lado. Para entretenerlos, Salvador les contaba de sus aventuras marinas, hasta que se quedaban dormidos.

Su padre le preguntaba a menudo sobre *Singa,* el chino maestro del Senzuru. Este personaje le llamaba la atención. Su variado trabajo en los barcos le llamaba también mucho la atención. Le preguntaba cómo eran las salas donde estaban las máquinas y si se usaba aceite o carbón para producir el vapor que propulsaba los motores que movían el barco. Quería saber de las bielas, de las hélices, de las toneladas que podía llevar un buque mercante, de las grúas… y tantas otras cosas, inclusive de los astilleros de mantenimiento, como el del Callao y los otros, en México. Su madre, en cambio, se interesaba en saber de la Niña Pola; le preguntaba si era su novia y si se iba a casar con ella. Él le dijo que ella no podía casarse todavía porque debía cuidar a su padre enfermo y estaba encargada de la plantación.

Durante los años de su vida en Cartagena en casa de sus padres Salvador leyó todos los libros que se podían leer porque había muchos sobre informaciones de compañías navieras en puertos de varios continentes. Pero también había en la biblioteca de sus padres libros de filosofía y muchos de literatura de autores famosos rusos, franceses, ingleses, de nuestra América. Los fue leyendo guiado por los conocimientos de su padre quien con paciencia, le explicaba los detalles. Así llenó los días de su estancia en esa casa de silencio. Ciertas noches sin embargo, visitó los bares cercanos al mar para disipar un tanto la nostalgia de esa vida marina que había dejado atrás. Acallaba su añoranza con una botella de whisky contándole sus aventuras al que quisiera oírlas, por lo general, clientes asiduos de los bares como él.

El respeto en esos antros lo tenía asegurado por su rostro tatuado con cicatrices y la ausencia de algunas falanges en sus manos. Al regreso a la casa tocaba en la puerta del servicio y con su complicidad entraba con sigilo para que sus padres no percibieran el estado de embriaguez en que llegaba.

Cecilia, su madre, murió en el hospital adonde la llevaron un día de urgencia. Murió durante una operación de vesícula. Ella era diabética. Para Melitón fue un golpe terrible la muerte de su esposa. Entró en una depresión que le fue carcomiendo la vida y su débil corazón no soportó la ausencia; seis meses después entregó su alma al creador. *Él no podía vivir sin su vida.*

4
Después del sepelio de su padre

El día en que le dijo adiós a su padre en el cementerio, Salvador no regresó a la casa. Se perdió por días en los bares que ya conocía. Se sentía solo y abandonado para siempre, como si fuese el niño Galván, el del extravío en los muelles de un puerto. En su mente confusa por el whisky, recordaba que él nunca le había dicho a su madre, *Mamá*, ni a su padre, *Papá*. Y ahora, ¡ya era tarde! Tampoco les había preguntado qué sentían ellos por ese hijo que apareció después de cuarenta años. Sin duda un desconocido para ellos, que solo guardaban en su memoria la imagen de un niño de siete años llamado Galván, su verdadero hijo. Ese hijo que ahora tenía cuarenta y siete años cumplidos, y era un desconocido.

Tampoco sus padres le preguntaron nunca acerca de sus sentimientos hacia ellos, ni de cómo los veía, ni qué pensaba de ellos. ¡Mejor así!

Salvador sentía que muchas cosas en la relación con sus padres quedaron pendientes y sin respuesta. Estaba en una encrucijada. No se sentía bien.

La Niña Pola, en su tercera visita a Cartagena, lo rescató de un bar, al igual como pasó en otro tiempo, allá en los *Cuatro Vientos*. Lo llevó al hotel donde ella se hospedaba y dejó que durmiese un día entero para que al despertar pudiese aclarar su mente. Dos días después Salvador regresó a la casa paterna con el propósito de despedirse de sus hermanos Julián y Maclovio y de su hermana Patricia quienes todavía estaban allí con sus respectivas familias. Él ya había decidido dejar Cartagena; ya nada lo detenía.

El recibimiento de sus hermanos fue muy seco. La servidumbre ya les había informado del problema de alcohol de Salvador. Le preguntaron si quería algo de la casa porque iban a desocuparla y entregársela a la alcaldía de la ciudad. "Ese era el deseo de nuestro padre, para que siguiera siendo un patrimonio histórico", explicó Julián.

Salvador dijo que no, que no quería nada excepto lo que había en una mesa de su pieza: dos retratos, el de Melitón y Cecilia, sus padres el día en que se casaron, y el de Galván vestido de marinero cuando tenía siete años. Eso era todo.

Fue la última vez que vio la que se suponía era su familia.

Visitó las oficinas de la marina acompañado de la Niña Pola con el propósito de vender la lancha. Su amiga y compañera de corazón tenía más experiencia en esos asuntos que se ventilan en tierra firme. Él dejó que lo guiara. Después de todo, la Niña Pola sabía lo que había que hacer. Ella había llegado a ocupar un lugar importante en su vida. Ya no era la joven arrebatada de los tiempos de la plantación, cuando era una joven voluptuosa, insaciable y atrevidamente sensual. Ahora se portaba como una dama, como su hermana Patricia, como miss Mary la del *North-Wind*. Solamente en ratos de pasión se le escapaba lo salvaje, pero en muy raras ocasiones. Él había aprendido a amarla como fue y como era en estos tiempos: con sus defectos, sus fobias y sus extrañas creencias. Lo que no había cambiado era su modo de vestir. Todavía lucía trajes floridos confeccionados por ella misma y sandalias blancas de plataforma que le fabricaban en Esmeraldas. Lo mismo sus carteras. Ese era su sello personal.

Una oficina de compra-venta de botes se encargaría de la transacción de la lancha. En las oficinas navieras compraron pasajes en un barco carguero con ruta a puertos de Sur América, por el Pacífico. Zarparía el barco en tres días.

Al llegar al hotel, en la recepción le entregaron a Salvador un mensaje de parte del abogado de la familia García Quiroz, para que se presentase a la mayor brevedad en su oficina. Al día siguiente en la mañana Salvador se fue con la Niña Pola en busca del abogado. Para su sorpresa, este le comunicó que el señor Melitón García le había confiado, un mes antes de morir, un sobre de Manila sellado y una carta para que se la entregase después de su muerte a Galván García Quiroz, alias Salvador.

Después de recibir el sobre y la carta Salvador le preguntó al abogado:

—¿Cómo sabe usted que yo soy Galván?

—Por las cicatrices, el tatuaje de la sirena y la falta de puntas en los dedos de las manos –le respondió el abogado con una sonrisa.

En el sobre de manila encontró Salvador: unos certificados de fe de bautismo y registro de su nacimiento. Ahora sabía que tenía cincuenta y dos años cumplidos. Recibió un libro de cheques en blanco. En la carta le explicaba su difunto padre que con los documentos podía sacar su tarjeta de identidad o cédula y así poder sacar dinero de la cuenta del Banco que estaba a su nombre. Si cambiaba de ciudad era necesario que hablase con el superintendente del banco para que hiciera el traslado de su cuenta a otro banco. Eso era todo.

Con la Niña Pola hicieron todas las vueltas que había por hacer esa semana. En el banco le informaron que la suma depositada por el señor Melitón García para Galván García Quiroz ascendía a unos cuantos millones de pesos que él nunca hubiese ganado trabajando en varias vidas. Salvador no salía de su asombro. Se preguntaba una y otra vez qué haría con tanto dinero y si en realidad él lo necesitaba.

Su compañera le dijo que no se preocupara. Ella encontraría cómo invertirlo.

Después de una semana pudieron viajar, pero esta vez a la Ciudad de Panamá. Allí buscarían otro barco que zarpara para el sur.

Durante los días pasados en Panamá mientras esperaban viajar al sur del continente visitaron la isla de Toboga donde Salvador tuvo su primer romance serio con Tera, la indiecita que fue su compañera formal por un tiempo. La curiosidad de la Niña Pola los llevó a buscar a la tribu. Tera ya no estaba, pero sí dos de sus cuatro hijos y las dos hijas de Tera, que ya también tenían hijos grandes. Los hijos mayores habían emigrado al istmo. Ninguno de los indios de esa época reconoció a Salvador.

En el barco mercante la acomodación dejaba mucho que desear para la Niña Pola. Era un barco viejo que estaba próximo a ser retirado para venderlo por partes en algún deshuesadero. Salvador sintió pesar por el pobre barco. Su compañera estaba inquieta porque tenía el presentimiento de que algo funesto pasaba en la plantación y quería llegar pronto a Guayaquil, el primer destino del barco.

Ya en el puerto, la Niña Pola llamó por teléfono a la plantación. Le informaron que su padre estaba muy enfermo y que no le quedaba mucho tiempo. Salvador le consiguió pasaje para Esmeraldas y Limones. Ella no quiso que la acompañara.

Salvador aguardó un mes en Guayaquil esperando noticias de la Niña Pola. Estas llegaron después en un correo: no podía reunirse con él todavía; sería mejor que fuese a Tumaco y la esperara allá hasta que ella resolviera lo de la plantación. Había una cosecha por recoger, la última, que tenían vendida a la compañía de cacao en Esmeraldas.

Al leer la carta, Salvador se fue a Esmeraldas y luego a Limones. Pensó que ella necesitaba su ayuda y no la iba a dejar sola en esos esteros. Él quería que llegasen juntos a Tumaco.

SEPTIMA PARTE

Tercera aventura

1
El Nido de las Piuras

Al comienzo de su última charla conmigo, Medrano, *El Timonel*, me mostró unas fotografías en blanco y negro un poco deterioradas por la humedad del trópico. Fotos donde Salvador y la Niña Pola aparecían arrimados a la baranda del corredor en la casa de *Bocagrande* en la playa, cogidos de las manos como dos enamorados; montados a caballo bajo las palmeras, y otras que fueron tomadas en Cartagena: Salvador en la lancha sentado frente al timón y ella, la Niña Pola, llevando un pañuelo amarrado a la cabeza. Se veían felices.

Por las fotografías y los relatos de *El Timonel,* me di cuenta de que fueron tomadas entre los años cuarenta y cincuenta. Al verlas percibí que había ocurrido una metamorfosis en Salvador, no solo en su apariencia sino en su actitud. Atrás quedó el marino que conocí en los tiempos de mi niñez. Cuando niño nos impactan ciertas figuras y quizá las exageramos. Esa imagen que se había petrificado en mi memoria, la de un hombre estrafalario, quizá no existió. La Niña Pola lucía como la imaginé cuando apareció en los relatos de la vida de Salvador: una mujer atractiva dueña de sí misma, dueña de su destino, de su vida… y si no, ¿por qué los vestidos con estampados de flores, la cartera y los zapatos blancos? El corte de cabello y peinado como se usaba en los años veinte, nunca lo cambió. Sin duda, ella era el alma gemela de Salvador y por esas cosas del destino se encontraron en una mañana, cuando él esperaba en un muelle y la vio llegar en una canoa, como una aparición del mar.

* * *

El Timonel me citó a su casa para tres visitas más. Dijo que quería terminar la historia de Salvador porque su mente le estaba empezando a jugar charadas; Casandra había fallecido, y desde su muerte se sentía muy solo y había ocasiones en las que hasta se olvidaba en qué día estaba, como si estuviese navegando en un mar desconocido.

Ese domingo me relató el milagroso regreso de Salvador a las islas, después de cinco años de su desaparición. Llegó acompañado de la Niña Pola. Como es de suponer, su aparición fue la noticia explosiva del día. Enriqueció la chismografía isleña por un buen tiempo. Se decía, entre otras cosas, que Salvador había regresado convertido en un hombre millonario; que en los cinco años de ausencia había conseguido dinero por una herencia de sus padres y una mujer muy rica, heredera de una gran fortuna.

* * *

Al volver, Salvador llevó a la Niña Pola a conocer El Morro. La chocita ya no estaba y ella no mostró ningún entusiasmo. En otro viaje, la llevó a conocer *Bocagrande* y ella se enamoró del lugar. La arena blanca de las playas, las gigantescas olas haciendo ruido al retumbar en la indefensa arena; la vegetación de abrojos y palmeras y sobre todo, lo solitario de ese lugar encantado, la llenaron de emoción. Le dijo: *"Este es el paraíso donde Adán y Eva vivieron sus amores prohibidos, y donde tú y yo podríamos quedarnos a vivir hasta más allá de la vida.*

Uno de los bogas al escuchar a la Niña Pola, le dijo, señalando a lo lejos, que la había escuchado y que por allá, un bogotano tenía a la venta una casa playera con buen terreno. Les explicó que el estero pasaba por detrás de la casa y que por el frente tenía al mar.

En Tumaco encontró Salvador al intermediario encargado de vender el *Nido de las Piuras*, como se llamaba la propiedad. Su dueño, Marco Antonio Londoño, vivía en Bogotá y por motivos de salud le era imposible regresar a *Bocagrande*. Salvador se mostró interesado por conocer la casa y regresaron a *Bocagrande* con el intermediario. En ese viaje Medrano los acompañó. En una canoa de motor fuera de borda zarparon de los muelles de la capitanía hasta encontrar la entrada al estero sin tener que arriesgarse por las aguas peligrosas de la Bocana. Entraron al estero donde las aguas eran tranquilas y la canoa se deslizó por sus aguas silenciosas en medio de una vegetación de manglares. A la Niña Pola le recordó el estero misterioso y la plantación de cacao de su padre, donde ella pasó tantos años imbuida en ese misterio de silencio.

Después de treinta minutos de navegación arrimaron a un rústico muelle. La caminata fue corta desde el estero hasta la casa que tenía el nombre de *Nido de las Piuras* escrito en azul marino en una tabla colgada con dos cadenitas de una viga del techo a la entrada del corredor.

Emocionada, La Niña Pola subió volando los cuatro peldaños de la escalera de madera y se detuvo en el corredor. Abrazó a Salvador y le susurró al oído. *"Este es el lugar donde debemos quedarnos…, para siempre"*. En el corredor había profusión de cascabeles de conchas, de bejucos y de vidrios colgando de las vigas de mangle en un constante tintinear mecidos por la perenne brisa.

Después de admirar desde el corredor la playa y el mar alborotado por olas enormes, entraron por una puerta central al interior de la casa. Los muebles de la salita eran de mimbre con cojines en azul marino con estampados de anémonas y las cortinas de las tres ventanas en el mismo color confeccionadas en percal. En las mesa, caracoles y una estatuilla de Neptuno en bronce con su tridente en la mano, llevado por delfines. Salvador comentó: *"El dios de los océanos que eligió las profundidades del mar como su morada"*. En la salita había también unos estantes llenos de libros y en las mesas, lámparas artesanales con pantallas en telas de colores.

La casa tenía dos alcobas, dos baños y una amplia cocina con un comedor informal construido en una esquina con bancas arrimadas a la pared y tapizadas con cretona. La estufa, alimentada por pipa de gas. Toda la decoración tenía un toque marino, inclusive las pinturas de aves marinas y paisajes del lugar en las paredes.

Salvador al igual que la Niña Pola se enamoró del *Nido de las Piuras*. Allí mismo estaba su mar, su horizonte, su cielo… Estaría rodeado de aguas salitres, de vientos marinos y del canturreo de las olas. Nada faltaría para completar el gran encantamiento con su amada. A lado y lado de la casa había palmas de coco, donde se podían colgar hamacas como las que había en el corredor y para pasar las horas como en la ramadita recordando esa vida de marino que no quería olvidar.

Medrano calculó que la casa estaba construida en media plaza de terreno, cercado este con alambre de púas. Dijo también que quizás el único inconveniente sería la navegación por el estero en canoa de motor, porque solamente se podía navegar en la marea alta cuando el mar llegaba con bastante agua hasta la propiedad. En tiempos de *puja* no era un problema. Por los lados de la playa sería imposible. Las olas eran muy altas.

El precio estipulado por *el Nido de las Piuras* no fue problema para Salvador. La Niña Pola se encargó de la compra y llegó a un acuerdo con el dueño por el contenido de la casa. Para la entrega de la propiedad, Marco Antonio Londoño viajó a Tumaco y luego a *Bocagrande, y* esa misma semana los citó para la entrega formal de la propiedad. Para esa ocasión mandó su canoa de motor fuera de borda a recogerlos en un muelle de Tumaco.

Era la primera vez que Salvador y la Niña Pola se encontrarían con el bogotano de apellido Londoño, propietario del *Nido de las Piuras*. Los recibió un hombre flaco, de mejillas enjutas y cabellos encanecidos y escasos, vestido con elegancia citadina. Parecía un hombre apacible, de mirada perdida como la de un profesor despistado. El alcohol había hecho estragos en su humanidad de sesenta años. Según comentó en una ocasión su representante en la isla: "El señor Londoño pertenece a una familia bogotana de alta alcurnia. Fue educado en Londres y en su juventud ocupó puestos de gerencia en grandes compañías".

Londoño propuso un precio con todo lo que había en la casa. Explicó que todos esos muebles y adornos fueron escogidos por un amigo suyo que tenía un magnifico gusto. Él, por su parte, tenía un apartamento en Bogotá con antigüedades y no necesitaba más nada. Ni siquiera los libros. Se llevaría solo lo más personal, y dos pequeñas esculturas de Apolo. La Niña Pola le dijo a Salvador que negociara la canoa de motor, los dos caballos y los dos perros que estaban al cuidado de su mayordomo.

* * *

Salvador y la Niña Pola pudieron ocupar la casa casi que de inmediato. La cama donde ellos dormirían, llegaría pronto de una mueblería en la capital. La de la casa, aunque era costosa y de buen gusto, se la obsequiaron a Jacinto y su mujer. Ella, la Niña Pola, le comentó a Salvador: "Me temo que en esa hermosa cama no durmió nunca una mujer. En eso soy supersticiosa".

En Bocagrande estuvieron todo un mes en completa soledad. Pero La Niña Pola tenía que viajar a Quito al matrimonio de su hija y luego a la plantación de Limones, porque habían quedado asuntos por terminar de ventilar.

Dos meses después, Salvador, preocupado porque la Niña Pola no regresaba de Limones, decidió ir a buscarla. Dejó a Medrano al cuidado de su casa en Bocagrande y partió para el Ecuador. Tenía el presentimiento de que algo andaba mal en los esteros.

El día que llegó encontró tres embarcaciones en el rústico muelle del estero frente a la casa de la plantación y a un grupo de campesinos reunidos en el solar. Nadie lo reconoció cuando preguntó por el patrón. La Niña Pola lo recibió angustiada. Su padre, don José Arturo Medina, había muerto dos semanas antes. En el salón de la casa estaban funcionarios de un banco de Esmeraldas recibiendo de la Niña Pola la casa y los terrenos de la plantación. Ella había quedado de apoderada de sus hermanos para los asuntos de entrega y la liquidación de obreros de la plantación y la servidumbre. Le dijo a Salvador que se regresara a Esmeraldas de inmediato y la esperara allá. No quería que los funcionarios y autoridades se diesen cuenta de sus relaciones. Había que tener cuidado, mucho cuidado porque la gente del lugar no era de confiar. Ella ya tenía todo arreglado para salir en secreto en esa misma semana. Le dio la dirección de una pensión para que se alojara. Ella llegaría a buscarlo.

En la noche del quinto día llegó La Niña Pola a la pensión, solamente con la ropa que tenía puesta. Esa misma noche partieron en una lancha para Guayaquil.

Durante el viaje le puso al tanto de los problemas encontrados cuando regresó a la plantación: su papá, muriéndose, abandonado en una cama. Lola, su compañera, ya no estaba; se había marchado llevándose lo que más pudo de la casa. Las deudas de su papá con el Banco hicieron que este se apropiara de todo. Los obreros pedían que se les pagara lo que se les adeudaba y exigían quedarse con la plantación y la casa. No se movieron de los alrededores de la casa, esperando que ella les solucionara sus demandas.

—Y ¿cómo iba yo a hacerlo? –se preguntó La Niña angustiada ante el recuerdo y añadió–: Pude escaparme por un socavón que mi padre me enseñó que existía desde que se construyó la casa. Siempre le tuvo temor a las gentes de esos lugares apartados, sobre todo a los instigadores. Días antes, yo había dejado una pequeña canoa y dos canaletes escondidos en el manglar, lejos de la casa. Si lograba llegar con la canoa hasta la boca del estero, allá encontraría transporte para Esmeraldas. Costara lo que costara. Y así fue. Mi padre me protegió desde el mundo de los muertos. Mis hermanos Mayolo y Flavio nunca aparecieron en la plantación, ni siquiera para enterrar a mi padre. Era supremamente peligrosa su presencia allí. Ellos sí estuvieron para el matrimonio de mi hija en Quito; por cierto ella se casó con un abogado penalista de Ambato. Esa fue la ocasión cuando me dieron un poder general, después que les expliqué los problemas monetarios de la plantación.

Salvador y la Niña Pola regresaron a Bocagrande a su Nido de las Piuras. Allí vivirían esa vida que siempre habían soñado, rodeados de mar, cielo y gaviotas. En las tardes, sentados en el corredor de los cascabeles, Salvador le contaba a la Niña Pola sus aventuras marinas como solamente él sabía hacerlo. Habían pasado ya cinco años idílicos de estar juntos frente a un paisaje que convirtió su vida en una felicidad y una paz constantes. Últimamente, sin embargo, ella presentía que algo extraño y nefasto se estaba acercando a su vida. Lo presentía…

2
¿Su última desaparición?

El escapulario lo encontró la Niña Pola en la canoa que trajo remolcada la lancha guardacostas. Ese escapulario de la Virgen del Carmen se lo había puesto en el cuello a Salvador su madre, doña Cecilia, al encontrarlo después de cuarenta y siete años de ausencia.

Por una semana, a pedido de la Niña Pola, el guardacostas de Tumaco buscó a Salvador en el mar de Bocagrande, más allá de las olas, porque no regresó a la casa después de su expedición diaria en busca de las corvinas y sabaletas que tanto le gustaban... Él siempre salía en la canoa con Jacinto, el ayudante que trabajaba para ellos desde su arribo al *Nido de las Piuras,* pero esta vez, Salvador se hizo a la mar solo, antes de la llegada de Jacinto.

El guardacostas encontró la canoa a la deriva cerca de La Bocana. Todavía estaban allí los implementos de pesca, pero nada más. Los dos oficiales buscaron por días en los bajíos, en las playas y manglares adyacentes, con poca suerte. Salvador no aparecía por ninguna parte.

Se conjeturó que tal vez tuvo algún incidente con los tiburones que abundan por las profundas aguas de La Bocana; quizá tratando de alejarlos usó el canalete y luego el otro, el de Jacinto y en esas maniobras se cayó al mar. Salvador les tenía casada una apuesta desde hacía años a los *escualos*, como él los llamaba. No era descabellado pensar que tuvo una última batalla con esos depredadores de los océanos, y salió perdiendo.

Otros elucubraban que quizá sufrió un desmayo y cayó al peligroso mar de La Bocana, donde tantas embarcaciones tuvieron percances, y sus ocupantes perecieron y pocos fueron encontrados. Jacinto reunió pescadores de la región para buscarlo a lo largo del estero, pero sin ningún resultado.

Sin embargo, los comerciantes de la isla estaban seguros de que Salvador regresaría a sorprenderlos en cualquier momento, como lo hizo antes. Había gente que decía haberlo visto en el Ecuador. *¡Todo un misterio!*

En la increíble jornada de su vida, esta fue su desaparición número tres. La primera, si recuerda el lector, fue la de su *extravío* a la edad de siete años. Una desaparición que lo lanzó a una vida impredecible de marino andariego por todos esos mares del Pacífico.

Su segunda desaparición ocurrió cuando ya estaba anclado en tierra firme a una edad productiva todavía. Siete años antes había sentido grandes deseos de experimentar vivir en las islas, que para él no eran más que tres embarcaciones, algo diferentes. Su mar siempre estaba presente, lo mismo que el olor marino, los vientos y tempestades y ese cielo impoluto que se confundía con el azul del mar.

En esa su segunda desaparición y tal como ocurría ahora, su amigo Medrano y los isleños creyeron que había sido víctima de la voracidad de los *escualos*. Pero no fue así. Prácticamente Salvador fue secuestrado por la Niña Pola para acudir al encuentro con sus padres, allá en Cartagena, después de todos esos años de ausencia por culpa de un destino que parecía haber sido escrito desde antes de su nacimiento.

Vivir durante cinco años al lado de sus padres ya ancianos, en ese ambiente familiar tan diferente a todo lo que él conocía, no fue fácil para Salvador, el aventurero. Pero se sintió obligado a quedarse junto a ellos hasta despedir en el camposanto, primero a su madre y luego a su padre. Todo, por un amor filial que no alcanzaba a comprender, que a veces pensaba era solo de nombre. Entonces, regresó a las islas y su presencia ocasionó la más fenomenal sorpresa a todos los isleños… *¡Salvador resucitado!*

En su tercera desaparición Salvador no esperó a Jacinto para realizar su cotidiana jornada de pesca matutina. Jacinto comentó después la costumbre que tenía de encontrarse con su patrón en el muelle del estero a las cinco de la mañana, navegar hasta La Bocana y no muy lejos de un bajío tirar los anzuelos para la pesca de pargos, sabaletas, bacalao o lo que hubiera. Regresaban a mediodía antes de que el estero perdiera agua con la marea. El mar de La Bocana siempre estaba picado, sobre todo cuando subía la marea, o se aproximaban las tempestades. Los vientos cruzados siempre estaban presentes. Muchas veces habían visto tiburones de varios tamaños por esas aguas, en busca de los cardúmenes de peces que abundaban a la salida del estero.

La Niña Pola, sentada en el corredor del del *Nido de las Piuras* en medio de la soledad que ha llegado a su vida, mira el mar, sonríe y en un susurro dice:

"¡Ay! Salvador, desde allá, más allá de las olas, tú, mi amado marino, hijo de Neptuno, me estás viendo con esos ojos de mirada lejana. Allá es donde siempre querías estar, porque ¡amabas el mar más que a tu vida misma! Yo sé que en las noches te escapas y vienes a mi lado, te siento húmedo de espuma y con olor de algas. Entonces mi sueño es tranquilo. Algo me decía que tu estadía en tierra firme estaba llegando a su final. Lo presentía, lo adiviné…, más aún, cuando hablabas de esas profundidades de los océanos por explorar, mundos marinos con los que tú soñabas…".

EPÍLOGO

Año 1960

La Niña Pola vivió en el *Nido de las Piuras* unos diez años más, después de la desaparición de Salvador. En su soledad la acompañó Martina, la morena que trajo desde Limones y que había trabajado en casa de su padre como niñera de su hija en los tiempos de la plantación de cacao y Jacinto Castaño, su compañero.

Jacinto fue contratado por Salvador para encargarse de todos los trabajos fuera de la casa y acompañar a su patrón en los viajecitos a Tumaco en la canoa de motor. Durante la semana salían a pescar a la madrugada navegando en una canoa por el estero hasta La Bocana, donde el mar siempre estaba picado. El día de su desaparición su patrón se fue solo. Eso nunca había pasado antes.

A un lado de la casa, más allá de los almendros, en el solar frente al mar, Jacinto construyó una especie de monumento de piedras y caracoles de un metro de alto, a la manera de una pirámide truncada, con una crucecita de hierro. La Niña Pola le había pedido a Jacinto antes de su partida al mundo de los muertos, que usara todos los caracoles que ella había recogido para adornar su tumba. Ella estaría allí como un vigía, un faro, una boya para guiar a Salvador en sus aventuras por esos mares procelosos.

Por cierto Jacinto y Martina heredaron de sus patrones el *Nido de las Piuras* por escritura notariada.

Los isleños de Tumaco, que hacen paseos a Bocagrande, juran que al atardecer, cuando el sol baña las playas y el mar con una paleta mágica de colores, ven la figura de una mujer descalza caminando en la arena húmeda. Va vestida con un pareo estampado de flores, en la cabeza un sombrero de paja, y lleva consigo un canastico con caracoles...

Otros, dicen haber visto a un hombre en una canoa navegando por encima de las enormes olas, por allá por los lados del *Nido de las Piuras,* al caer la tarde.

Allá, no lejos de los almendros, frente al mar, arrullada por ese eterno resoplar de las gigantescas olas que llegan a la arena donde corren presurosas las piuras y gaviotas…, arrullada por los vientos marinos y el tintinear de los cascabeles…, la Niña Pola frente al paisaje de ese mar sin límites, está esperando la noche para que él, su amado Salvador, venga a su lado y le cuente sus aventuras marinas… esas aventuras vividas en las profundidades de los océanos entre continentes, donde *Neptuno, el dios de los mares, tiene su morada de castillos dorados…*

Fin